컴퓨터 교육공학

스타로고

StarLogo TNG

컴퓨터 교육공학

스타로고

StarLogo TNG

이명근

학지사

머리말

스타로고(StarLogo TNG)는 누구나 손쉽게 컴퓨터 화면상에서 삼차원 가상세계까지 구현하며 이 과정에서 깊이 공부할 수 있도록 해 주는 최신 교육용 소프트웨어 제작 도구입니다. 이것은 ALGOL, FORTRAN, BASIC, PASCAL, C, Java와 같은 일반 프로그래밍 언어를 바탕으로 만들어졌지만 프로그래밍 언어와는 그 특성이 확연히 다른 것입니다. 즉, 책을 저술 또는 저작하듯이 일반인들도 간단한 교육용 소프트웨어를 쉽게 제작할 수 있도록 만든 컴퓨터 소프트웨어를 말합니다. 그래서 저작 언어(authoring language), 저작 도구(authoring tool)라고도 부릅니다. 전 세계적으로 다양한 종류의 저작 언어 또는 저작 도구들이 있으며, 대표적인 것으로는 스타로고(StarLogo TNG), 스크래치(Scratch), 두리틀(Dolittle), 스퀵 이토이즈(Squeak Etoys) 등이 있습니다. 요즘은 앱인벤터(app inventor)와 엠비즈메이커(m-bizmaker)를 이용하여 스마트전화에서 사용하는 응용프로그램을 저작하기도 합니다. 일반적으로 교육용 저작 언어나 저작 도구는 간결하고 프로그램 작성이 용이하며, 친근감을 주는 대화용 언어이고, 문제해결을 위한 알고리즘을 표현할 수 있습니다.

2008년 탄생한 스타로고는 1960년대 말 미국 매사추세츠 주립 공과대학교(MIT) 인공지능연구소에서 개발한 Logo라는 언어를 기반으로 하고 있습니다. 이 소프트웨어의 가장 큰 장점은 무엇보다도 다루기 쉽다는 데 있습니다. 모든 인터페이스가 간단한 버튼이나 장난감 블록, 친숙한 그림 형태이고, 간단한 마우스 조작만으로 모든 작업이 가능하기 때문에 컴퓨터 언어를 전혀 모르는 사람도 몇 분 안에 친숙하게 사용할 수 있습니다. 그럼에도 스타로고가 제공하는 삼차원 가상세계 구현 능력은 놀라울 정도입니다. 예를 들어, 몇몇 명령어를 창의적으로 응용하면 복잡한 현상이나 게임과 같이 매우 정교한 시뮬레이션도 할 수 있습니다.

현재 어른들만 하더라도 어린 시절 들판에서 뛰어놀고, 개울가에서 가재를 잡으며 자랐습니다. 특히 농촌사회에서는 그러한 경험이 소중했습니다. 그러나 21세기는 최첨단 도구들이 시시각각 탄생하는 무한변혁의 시대입니다. 때문에 오늘날 아이들에게는 이와 관련한 다양한 경험이 필요합니다. 스타로고는 바로 21세기 아이들이 뛰어놀기에 적합한 새로운 환경이라고 할 수 있습니다.

우선 스타로고는 학생들에게 컴퓨터 프로그래밍 언어라는 것을 직접 다뤄 볼 수 있는, 특히 오늘날 중요한 경험을 제공합니다. 바로 CT(Computational thinking)교육이 강조되고 있기 때문입니다. 스타로고의 구성 원리는 매우 단순하지만 실제 프로그래밍 언어의 원리와 유사합니다. 때문에 컴퓨터에 관심은 있지만 게임밖에는 할 줄 모르는 청소년들에게 스타로고는 보물창고와도 같습니다. 더욱이 소프트웨어 관련 산업을 육성하지 않으면 안 되는 현재 우리나라의 상황에서는 더욱 그렇습니다. 각종 소프트웨어나 스마트전화 앱, 게임 제작에 관심이 있는 아이들은 스타로고에서부터 시작하여 소중한 꿈을 키워 나갈 수 있습니다.

스타로고는 논리적 사고력과 창의력도 키워 줄 수 있습니다. 스타로고를 통해 아이들은 자기 힘으로 가상세계를 창조합니다. 그런데 이 활동은 스타로고 명령어의 논리적 규칙을 이해하고 응용할 수 있어야만 가능합니다. 때문에 아이들은 스타로고를 다루면서 자신의 상상력과 추론 능력을 끊임없이 발휘해야 합니다. 이처럼 자신이 상상한 세계를 논리와 추론능력에 따라 구성하는 경험을 통해서 아이들의 사고력과 창의력을 효과적으로 키울 수 있습니다.

스타로고는 국어, 수학, 사회, 과학, 영어 등 일반 학교의 교과 수업에서도 활용할 수 있습니다. 스타로고의 가장 강력한 기능 가운데 하나는 복잡한 자연현상이나 사회현상을 모의실험으로 제작해 봄으로써 어떤 현상이 일어나는지 관찰하고 검증할 수 있다는 점입니다. 예를 들어, 사례표집 상황이나 개미 생태계 또는 먹이 사슬 같은 현상을 만들고 관찰하면서 일어나는 과정에 대해 깊이 있게 이해할 수 있습니다. 그렇기 때문에 스타로고를 실제 교육현장에서 체계적으로 활용한다면 그 효과는 명약관화할 것입니다. 이러한 접근은 '컴퓨터 교육공학', 더 정확하게 말하면 '스타로고 교육공학'이라고 할 수 있습니다. 이와 관련하여 스타로고를 개발한 미국 매사추세츠 공과대학교는 쉘러 교사연수 프로그램(http://education.mit.edu)을 통해 산출한 다양한 교과별 예제를 제공하고 있습니다.

한마디로 스타로고는 삼차원 가상세계까지 쉽게 만들 수 있는 유용한 저작 도구입니다. 현재 관련 웹사이트에서 무료로 배포하고 있으며, 완성도도 높습니다. 특히 복잡한 프로그래밍 언어를 장난감 블록 형태로 만들어 놓았기 때문에, 마우스로 이 장난감 블록들을 이리저리 끌어다 놓는 것만으로도 복잡한 명령어 조합을 쉽게 할 수 있다는 점이 가장 큰 매력입니다.

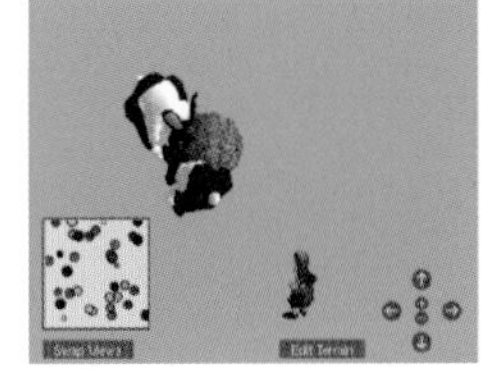

그동안 연세대학교 학부생, 대학원생들과 함께 교육과 연구를 진행하는 가운데 이 작은 책을 준비하여 누구나 스타로고의 기본기를 갖추고 교육에 활용하도록 했습니다. 강성한(연세대학교 대학원 교육공학 수료), 강수연(연세대학교 대학원 교육공학 석사), 김세하(연세대학교 대학원 교육공학 석사), 오현선(연세대학교 대학원 교육공학 수료) 등 집필조원들 그리고 화면 캡처 및 교정작업을 헌신적으로 도와준 교육공학 전공 대학원생들(박종화, 정지혜, 박병준, 권영하, 이은서, 김서라)이 없었다면 이 독특한 책이 세상에 나오지 못했을 것이라 생각하니 참으로 감사할 뿐입니다. 이 책을 통해 많은 사람이 스타로고에 관심을 가지기를 고대하며, 앞으로는 스타로고 학습공동체를 통해 더 많은 이와 함께 이른바 스타로고 교육공학을 탐구하고 싶습니다.

자, 이제부터 스타로고 교육공학 세계로 들어가 봅시다. 영화 속에서 나오는 삼차원 가상세계도 내 손으로 직접 만들 수 있습니다.

2016. 5.

峴谷山房에서 지은이 

목차

스타로고 저작하며 놀기

토끼야 이리와

독감이 무서워

바다 생태계 이야기

7장 스타로고 교육공학

1장 교육과 스타로고

교육, 컴퓨터 그리고 스타로고

스타로고는 이른바 저작 도구(authoring tool)라고도 불리는
교육용 소프트웨어를 만드는 컴퓨터 소프트웨어입니다.
이제는 교육도 컴퓨터 없이는 불가능하게 된 시대!
그렇다면 우리의 교육은 왜 스타로고에 주목해야 할까요?

◈ 생각해 보기

스타로고는 언제부터 어떻게 시작되었을까? 스타로고를 통해 무엇을 할 수 있을까? 여기서는 교육에서의 컴퓨터 활용 역사를 바탕으로 스타로고의 탄생과 특징 및 교육적 활용 방안에 대해 생각해 본다.

◈ 해 보기

- 왜 그리고 어떻게 컴퓨터를 교육 장면에서 활용하게 되었는지 그 역사와 의미에 대해 살펴본다.
- 스타로고가 무엇인지, 어떻게 탄생하게 되었는지 그리고 교육에서의 활용 가치는 무엇인지를 검토해 본다.

1절 교육과 컴퓨터

교육기계, PI, CAI, 스마트기기 활용 교육

컴퓨터가 교육훈련 분야에 활용되기 시작한 역사는 1950년대로 거슬러 올라간다. 그 당시에는 특히 컴퓨터를 교육적으로 활용한다는 개념, 즉 컴퓨터 활용 교육(Computer-Assisted Instruction: CAI)* 과 관련해서 우리에게 익숙한 IBM이 선도적 역할을 하였다. 구체적으로 IBM은 교육 내용을 컴퓨터 화면에 구현하게 하는 저술언어인 Coursewriter를 포함한 'IBM 1500시스템'을 개발하고(Pagliaro, 1983), 이 최초의 컴퓨터 활용 교육시스템을 1967년에 미국 펜실베이니아 주립대학교(The Pennsylvania State University)에 설치하여 실제 교육에 활용한 바 있다. 다시 말해, 컴퓨터에 의한 교육은 1950~1960년대 행동주의 학습이론의 대표적인 학자인 스키너(B. F. Skinner)가 강조했던 교육기계(teaching machine)의 엉성함에 대한 대중의 실망에 이어 그 내용과 원리를 인쇄교재로 변모시킨 프로그램화 교수학습(Programmed Instruction: PI)에 대해 또 다시 식상해지자 일종의 구원투수로서 교육 현장에 등장하며 시작된 것이다.

1960년대 중반에는 미 연방정부 및 사립재단의 기금이 학교 및 대학, 기업 등에 투입되는 가운데 컴퓨터 활용 교육에 대한 연구가 본격적으로 이루어지고, 이러한 경향은 군 교육훈련에도 영향을 주어 1970년대 초부터는 미국의 각 군대들도 컴퓨터 활용 훈련(Computer-Based Training: CBT)의 개발에 적극적으로 착수하게 되었다(Merrill et al., 1992). 물론 이 시기에 개발된 컴퓨터 활용 교육들은 이전의 것들과 마찬가지로 행동주의 학습이론의 원리를 그대로 반영한 것이었다. 여기서 행동주의 학습이론의 원리가 반영된 컴퓨터 활용 교육이라 함은 개별지도형(tutorial) 및 반복연습형(drill and practice)과 같은 전형적인 방식으로, 이들의 특징은 학습자 위주(learner control)가 아닌 교수자, 즉 컴퓨터 중심의 교육이다. 이 교수자 중심의 교육은 학습자로 하여금 괄호를 채우거나 번호를 선택하게 하는 등 단답식 반응을 이끌고, 이것이 틀리면 이에 대한 즉각적인 되알리기(feedback)와 함께 다른 문제가 제시되며, 반면에 대답이 맞으면 다음 내용이 제시되는 방식이다. 이는 컴퓨터를 통해 학습자의 반응에 따라 점차적으로 어려운 과제를 제시하면서 전체 교수학습을 진행한다는

* 엄밀히 말하면 '컴퓨터 보조 교육'이라고 하는 것이 그 내용이나 취지에 부합한 번역이며, 기업교육 분야에서는 컴퓨터 활용 훈련이라는 의미로 CBT(Computer-Based Training)라고도 하였음.

데 의미가 있었지만, 교수자(사람) 대신 컴퓨터라는 기계만 동원하였을 뿐 그 본질은 과거 1950년대와 1960년대의 교육기계나 프로그램화 교수학습과 똑같은 것이었다.

1970년대 이전까지 컴퓨터가 단순히 교육기계 또는 프로그램화 교수학습 수준이었다면, 1970년대 말엽에는 기술적 그리고 인지과학의 발전과 더불어 컴퓨터의 교육적 역할이 새로운 모습으로 바뀌기 시작하였다. 더욱이 개인용 컴퓨터(personal computers: PC)의 개발과 보급으로 말미암아 컴퓨터 활용 교육 자체의 확산이 이루어지고, 인지과학 분야의 발전은 교육용 컴퓨터의 다양한 잠재력을 확보하게 되었다. 그 결과 학습자는 컴퓨터와 다양한 방식으로 상호작용하는 가운데 정보 및 자신의 사고를 처리하는 모의실험(simulation)이나 지능형 교수체제(intelligent tutoring system)까지도 가능하게 되었고, 이러한 경향을 주도한 대표적인 컴퓨터 활용 교육으로서 Logo가 등장하게 된다. Logo는 1967년 미국 매사추세츠(Massachussetts) 주에 있는 Bolt Beranek & Newman사가 처음 고안하고 이어서 매사추세츠 주립 공과대학(MIT)의 인공지능연구소가 개발한 일종의 프로그래밍 언어(Papert, 1980)였다. 여기서 정확히 프로그래밍 언어가 아닌 일종의 프로그래밍 언어라고 한 것은 의도하는 내용을 컴퓨터 화면에 구현한다는 차원에서는 같지만 그 특성이 확연히 다르다는 것을 의미한다. 즉, 일반 사람들이 컴퓨터 프로그래밍을 하기에는 프로그래밍 언어 자체가 매우 어렵고 상당한 기간이 투자되어야 하기 때문에 일반 사람들도 책을 저술 또는 저작하듯이 의도하는 내용을 쉽게 컴퓨터 화면에 구현할 수 있도록 해 주는 언어가 필요하게 되었다. 이러한 취지에서 Logo와 같은 이른바 저작 언어 또는 저작 도구(authoring language/tool)라는 것이 개발된 것이다.

Logo는 기본적으로 초등학교 아동들도 컴퓨터 프로그래밍을 학습할 수 있도록 비교적 쉬운 형태의 언어로 개발되었다. 기본 원리는 피아제(J. Piaget)의 인지발달이론에 기초한 것으로서 이전의 행동주의 학습이론에 기초한 컴퓨터 활용 교육의 접근방식과는 분명한 차이를 보인다. 즉, 다음 그림에서 보는 바와 같이, 거북(turtle)이라고 불리는 작은 상징물을 이용하여 학습자 스스로 자신의 생각을 컴퓨터 가상의 탐구환경(microworld)에 구현하는 가운데 수학적 및 논리적 사고기능과 문제해결 능력을 자연스럽게 키울 수 있도록 하였다. 따라서 Logo 환경에서는 실수도 학습 실패의 결과가 아니라 재도전 및 개선의 요인으로 작용하여 소위 '아하!' 경험을 하는 가운데 계속적으로 흥미를 촉진하게 되며, 궁극적으로 개별 학습자가 자신의 독특한 프로그램(문제해결)을 창출하는 것이 가능하다는 것이다(Harper, 1989; O' Shea & Self, 1983).

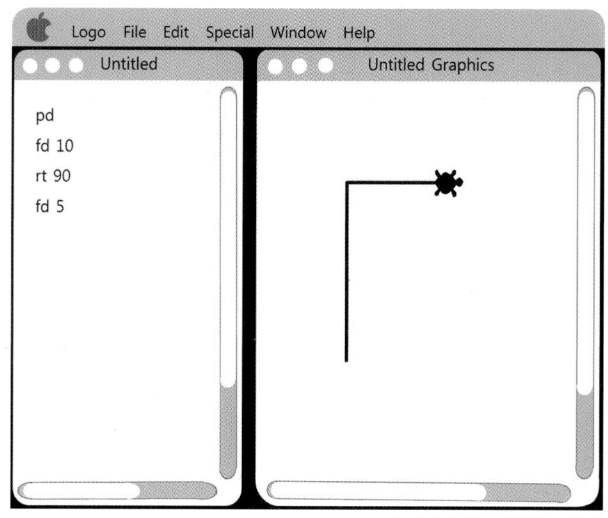

그러나 당시 컴퓨터를 교육에 활용하는 데 있어서 무엇보다도 절실한 문제인 동영상 구현의 한계가 드러나면서, 1980년대 중반에는 이를 비디오로 극복하고 또 대화하듯이 진행함으로써 효과적 학습을 가능케 하는 대화형 비디오(interactive video)가 개발되어 활용된 바 있다. 이것은 컴퓨터와 레이저디스크 플레이어를 연결하여 활용하는 것으로, 주로 컴퓨터상에서는 본문(텍스트)으로 학습이 진행되다가 실제적이고 역동적인 동영상 학습이 필요한 시점에서는 비디오디스크의 해상도 높은 비디오 및 오디오를 통해 교수학습을 진행하도록 연계시켜 개발한 것이다(이명근, 1993).*

1990년대에 들어와서는 World Wide Web이라는 인터넷 환경의 도래로 말미암아 우리의 생활환경 전반이 바뀌게 되었고, 컴퓨터 활용 교육 환경도 상당한 변화가 이루어졌다. 우선 인터넷이라는 네트워크를 통해 '언제 어디서나 누구에게나' 필요한 교육을 그것도 다각적인 자료연계(hyperlink)를 통해 효과적으로 할 수 있는 이른바 웹기반 교육(Web-Based Instruction: WBI)이라는 인터넷 활용 교육이 확산되기 시작한 것이다. 이어서 음향, 애니메이션은 물론 동영상까지도 원활하게 제공(streaming)하는 컴퓨터 기술의 발전으로 말미암아 컴퓨터 활용 교육이 대체로 보다 화려한 입체적인 교육자료(multimedia, hypermedia)로 변모하게 되었다. 또한 1990년대는 이러한 컴퓨터 활용 교육의 변화와 아울러 교수학습에 대한 인식론적 관점 자체의 변화(예: 구성주의 교육)도 영향을 미쳐 컴퓨터 활용 교육의 새로운 모색이 다양하게 이루어진 바 있다.

최근에는 컴퓨터 활용 교육(CAI, CBI)이라는 용어보다는 웹기반 교육(WBI), CD-ROM활용 교육, 사이버 교육 등으로 불리다가 결국은 같은 전자공간(electronic space)이라는 틀 안에서 이루어지는

* 이러한 면에서 '컴퓨터 보조 교육(Computer-Assisted Instruction: CAI)' 이라는 개념에 더 충실한 것임을 알 수 있음.

교육이라는 의미에서 전자교육(e-Learning)이라는 용어로 불리기도 했다. 이것은 학습자 중심의 교수학습 환경이 강조되면서 웹 활용 교육으로 이루어지든 CD-ROM에 의해 이루어지는 교육이든 결국 학습자 입장에서 볼 때는 마찬가지이기 때문이다. 아울러 새로운 혁신으로 도입된 웹기반 교육의 효과가 기대보다 높지 않자(Muilenburg & Berge, 2001), 보다 효과적인 교육 방안으로서 웹기반 교육(on-line)과 집합교육(off-line)의 통합교육(blended learning) 방식을 모색하기도 하였다. 요즘에는 인터넷과 컴퓨터 관련 기술이 우리 주변 공간의 모든 곳에 편재되는 것을 전제로 한 컴퓨터기반 상시 개별학습(u-Learning)과 다양한 스마트 기기를 기반으로 한 스마트기기 활용 교육의 개념으로 발전하며 새로운 컴퓨터 기반의 교육 방안들이 대대적으로 모색되고 있다.

2절 스타로고 탄생과 교육

Logo, StarLogo, StarLogo TNG

스타로고는 1990년대 중반에 MIT 미디어 연구 개발팀(MIT Media Lab)이 앞서 언급한 Logo를 발전시킨 것으로, 2000년에 StarLogo 1.0판을 시작으로 2006년에 2.2판으로 개발하게 되었다. 이 스타로고는 Logo와 마찬가지로 컴퓨터 화면에서 '거북이' 를 운용하도록 하지만 Logo와 다른 점은 수 백, 수 천의 거북이를 동시에 운용한다는 점이 기본적으로 다르다. 이러한 방식의 변화가 중요한 것은 이를 통해 중심 또는 지도자가 없는, 복잡하지만 일련의 규칙이 있는 분산체제(decentralized system)를 구현하며 효과적인 학습 자료나 프로그램을 비교적 쉽게 저작(authoring)할 수 있다는 것이다(Colella, Klopfer, & Resnick, 2001). 여기서 분산체제란 한마디로 중심이 없는 체제인데, 예를 들어, 철새들은 규칙적인 대형을 갖추어 이동하지만 각각의 움직임을 일괄적으로 통제하는 지도자가 존재하지는 않고 단지 철새들이 상호작용하면서 규칙성이 생겨날 뿐이다. 우리가 살고 있는 세계의 사회현상이나 자연현상은 대부분 이 분산체제의 성격을 지닌다. 즉, 자연 생태계나 교통 상황, 옷감 무늬에서 발견되는 규칙성은 여러 개체가 상호작용하면서 우연히 발생하는 분산체제다. 스타로고는 바로 이러한 현상들을 쉽게 모의실험해 볼 수 있도록 한 것이다. 그러나 스타로고는 처음에는 Java기반으로 개발되어 BASIC이나 C언어와 같이 기존의 프로그래밍 언어와 유사한 방식으로 저작해야 한다는 문제점이 지적되었다. 따라서 일반 사람들도 보다 쉽게 저작할 수 있도록 한다는 저작 언어의 원래 취지에 부합하도록 재개발이 요청되어 2008년에 다시 새로운 스타로고(StarLogo TNG)*로 개발한 것이다.

이 새로운 스타로고는 2008년 1.0판에서 현재 1.5판까지 개발되어 활용되고 있다. 기존의 StarLogo에 비해 프로그래밍 언어(예: BASIC, C)를 알지 못하는 일반인들도 누구나 컴퓨터 화면으로 구현되는 프로그램을 쉽게 저작할 수 있도록 블록 기반의 직관적인 인터페이스로 이루어졌다는 점이 기본 특징이다. 예를 들어, 위의 그림에서 알 수 있는 바와 같이, 빨, 주, 노, 초, 파, 남, 보와 같은 여러 가지 색상의 블록을 통해 저작에 대한 거부감이나 두려움의 장벽을 낮추고, 이 명령어 블록들을 퍼즐을 맞추듯이 자유롭게 저작하는 방법을 통해 흥미를 끈다. 이를 토대로 복잡계(complex system)와 같은 현상도 쉽게 저작하고 구현과정과 그 결과도 심층적으로 이해할 수 있다는 것이다. 또한 스타로고는 삼차원 그래픽 환경을 기반으로 게임이나 모의실험의 저작을 가능하게 함으로써 특히 아동 및 청소년들이 보다 재미있게 컴퓨터 소프트웨어에 접할 수 있는 통로 역할도 하고 있다.

* StarLogo The Next Generation.

지금까지 컴퓨터가 교육적으로 활용된 역사를 통해 볼 때 그 용도는 관점에 따라 다양할 수 있지만 대체로 다음과 같이 3가지로 구분할 수 있다(Taylor, 1980).

교수자(tutor)로서의 컴퓨터
과제수행자(tutee)로서의 컴퓨터
보조도구(tool)로서의 컴퓨터

우선, 교수자로서의 컴퓨터란 컴퓨터가 직접 가르치는 기능을 수행하는 경우를 말하는데, 이는 컴퓨터가 학습자를 직접 가르치기 위해 만들어지는 구체적인 형태로서 대체로 반복연습형(drill & practice), 개별지도형(tutorials), 모의실험형(simulation), 학습게임형(learning game) 등을 들 수 있다. 둘째, 과제수행자로서의 컴퓨터는 사용자가 컴퓨터를 통해 어떠한 문제를 해결하기 위해 이를 사용하는 것을 의미한다. SPSS나 SAS와 같은 컴퓨터 활용 통계 패키지를 예로 들 수 있다. 이때 사용자는 기본적인 컴퓨터 프로그래밍과 아울러 문제해결 과정에 대한 이해가 있어야 한다. 셋째, 보조도구로서의 컴퓨터란 교수학습의 보조도구 역할을 하는 것을 의미하며, 예를 들어, 문서편집이라든가 그림그리기(graphics), 자료관리(database), 수치계산(spreadsheet) 그리고 출판(desktop publishing) 등이 포함된다.

스타로고는 그 교육적 용도를 볼 때 교수자, 과제수행자, 보조도구라는 교육용 컴퓨터의 전형적 역할들을 넘어서서 교육의 목표인 학습촉진이라는 역할을 가장 효과적으로 해 낼 수 있는 학습촉진 도구라고 할 수 있다. 예를 들어, 스타로고를 활용하여 등고선의 개념을 이해하지 못하는 초등학생들에게 이른바 형식적 조작을 위한 모의실험을 해 보도록 할 수 있고, 공간지각능력이 부족한 일부 여학생들이 공간지각을 쉽게 할 수 있도록 도와줄 수도 있다. 또한 자연 생태계나 교통 상황, 옷감 무늬에서 발견되는 규칙성 등 여러 개체가 상호작용하면서 우연히 발생하는 이른바 분산체제를 구현할 수도 있다. 스타로고가 특히 교육적으로 중요한 점은 이러한 교육용 가상세계를 직접 설계하거나 모의실험을 해 보는 과정 속에서 학습자 스스로 발견학습을 할 수 있다는 점이다. 즉, 스타로고를 활용해 학습자는 스스로 자기 생각을 표현하고 조직하며, 가설을 세우고 검증하는 가운데 통찰력과 사고력, 문제해결력을 기를 수 있다.

뿐만 아니라 스타로고는 어린 학생들을 포함하여 일반인 누구나 간단한 마우스 조작으로 복잡한 프로그래밍을 할 수 있도록 구성되어 있어 컴퓨터 프로그래밍의 제작 원리를 스스로 쉽게 경험할 수 있는 기회를 제공한다. 겉으로 보기에 어렵고, 복잡하고, 접근하기 힘들기 때문에 기피하는 컴퓨터 프로그래밍을 누구나 쉽게 접하도록 하는 도구이며, 점차적으로 이에 대한 이해 및 관심을 촉발할 수 있다면 그렇지 않아도 어려움을 겪고 있는 우리나라 소프트웨어 산업 분야의 인력확충에도 일조할 수 있을 것이다.

현재 한국 교육은 혁신 중이다. 이러한 변화의 핵심에는 교과 공부 이외 다양한 체험활동을 하도록 함으로써 자기 주도적인 학습과 창의성을 갖춘 21세기형 인재를 길러 내겠다는 교육 철학이 자리 잡고 있다. 그러나 현재 그러한 체험활동을 지원할 수 있는 프로그램은 많지 않으며, 대부분 그나마 입시와 연관된 논술 수업이나 형식적인 봉사활동 등에 그친다는 한계가 있다. 이런 상황에서 스타로고를 활용한 교육 프로그램은 학생들의 흥미를 자극할 수 있는 충분히 매력적인 교육용 도구로 작용할 것이다. 우선적으로 스타로고는 최근 각광받고 있는 창의체험 활동 프로그램의 하나로 활성화될 수 있다. 이미 많은 학생이 어플리케이션이나 게임 프로그래밍 개발에 관심을 가지고 있고, 또 게임이나 영화 등을 통해 삼차원 가상세계란 개념에 친숙하기 때문이다. 스타로고는 최신 기술의 교육적 활용에 목말라하는 초중등학교나 대학교의 교육자들에게도 주목을 받을 수 있을 것이다. 스타로고를 직접 배우고 활용하는 수업, 스타로고를 활용한 가상세계 탐험 수업 등이 개발되고, 또 방과 후 학교 등 다양한 제도와 연관되어 교육 현장에서 활성화될 수 있다면, 스타로고는 학생들의 사고력과 창의력 계발 및 컴퓨터 프로그래밍 경험을 위한 체험 활동으로도 각광받을 수 있다. 다시 말해, 스타로고는 컴퓨터를 이용하여 교육의 이상을 구현하고자 하는 이른바 컴퓨터 교육공학 방안의 열쇠가 될 수 있다.

2장 스타로고 첫걸음

프로그램 설치와 기본 인터페이스 익히기

스타로고를 제대로 즐기려면 기본기를 잘 닦아야 합니다.
프로그램 설치와 실행에서부터 StarLogo 인터페이스와 기본 구성까지
차근차근 알아보도록 하겠습니다.

- 1절 스타로고 설치하기 다운로드와 실행
- 2절 스타로고 기본 인터페이스 중앙통제 창과 스페이스랜드 창
- 3절 스타로고 기본 구성 블록, 팔레트, 캔버스

◈ 생각해 보기

스타로고는 어디서 어떻게 다운로드받을 수 있을까? 스타로고의 기본 화면은 어떻게 구성되어 있고, 각각의 명칭은 무엇일까? 이제 스타로고라는 소프트웨어의 구석구석을 탐험해 본다.

◈ 해 보기

- 스타로고 웹사이트에 공개되어 있는 StarLogo TNG 설치 파일을 다운로드받아 자신의 컴퓨터에 설치하고 실행한다.
- 스타로고의 중앙통제 창과 스페이스랜드 창의 명칭, 기능에 익숙해진다.
- 스타로고를 구성하는 블록, 팔레트, 캔버스의 기본 개념을 이해한다.
- 카메라 활용법과 런타임박스의 기능에 익숙해진다.

1절 스타로고 설치하기

다운로드와 실행

스타로고는 MIT에서 제공하는 웹사이트(다운로드 페이지 주소: http://education.mit.edu/projects/starlogo-tng)에서 무료로 다운로드할 수 있다. 그 절차는 다음과 같다.

1-1. 웹사이트에 들어가면 다음과 같은 화면이 나온다.

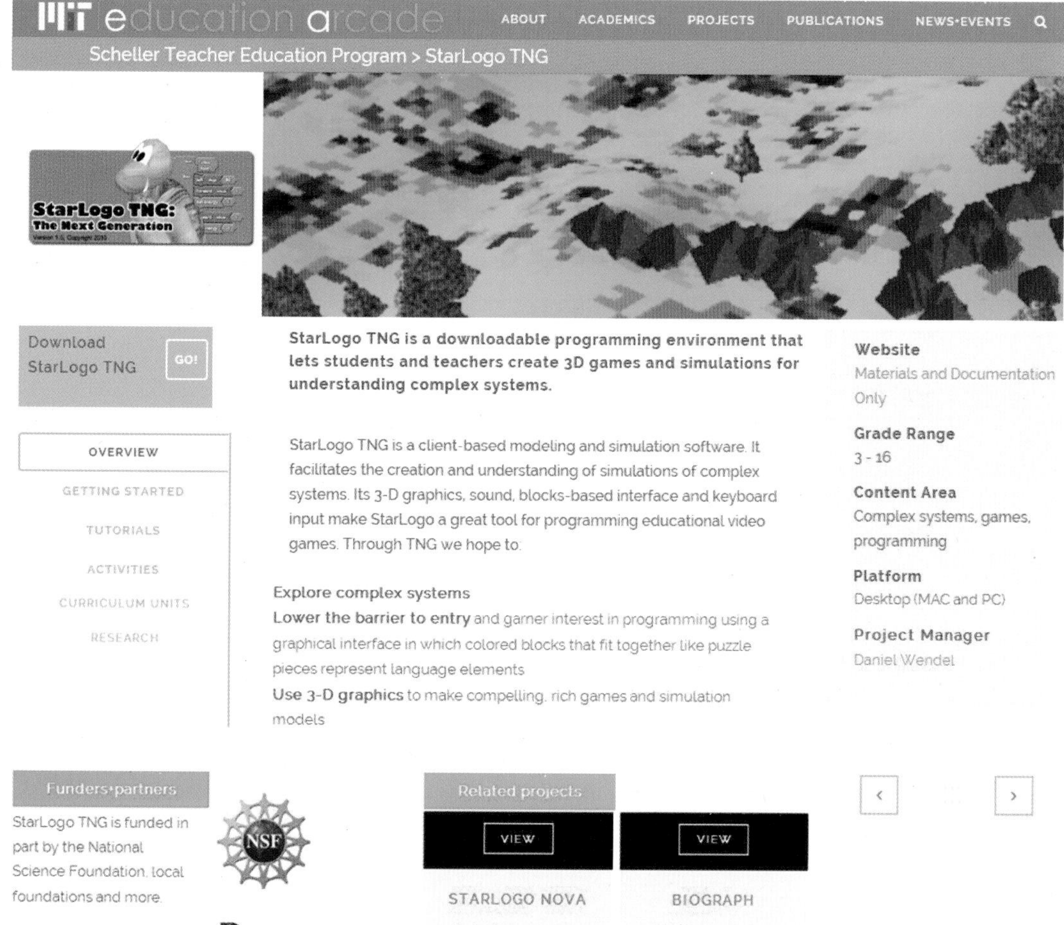

1-2. 화면에서 왼쪽 중간 부분에 있는 GO! 를 누른다.

1-3. StarLogo^{TNG}를 다운로드할 수 있는 화면으로 연결된다.

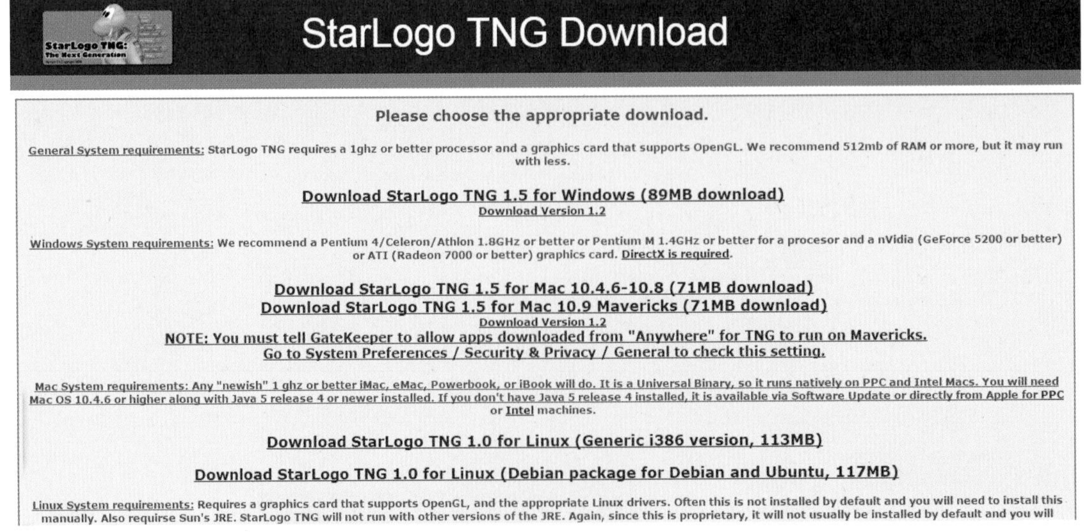

1-4. 본인의 PC 사양에 적합한 버전을 다운로드한다.

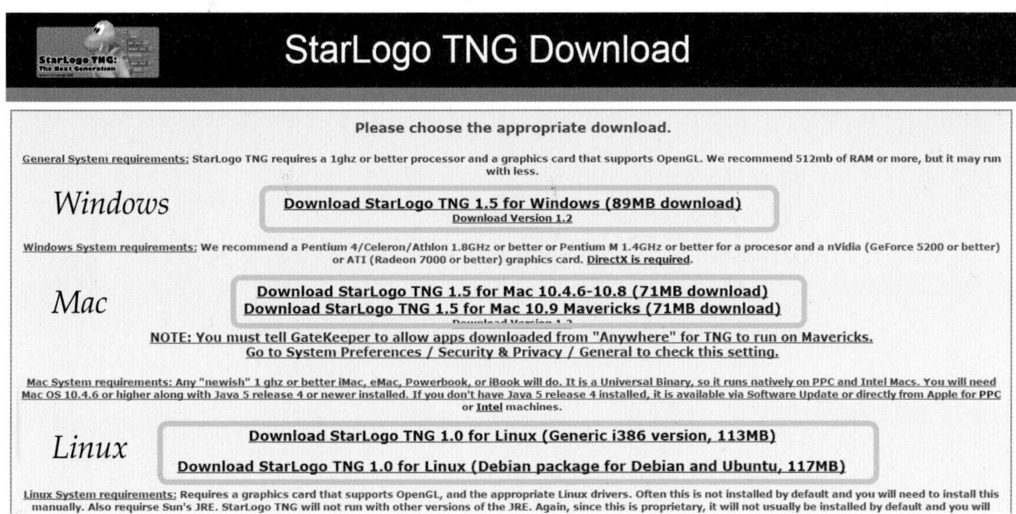

1-5. 스타로고 프로그램을 다운받았다면, 오른쪽과 같은 아이콘이 윈도우에 생성된다. 아이콘을 클릭하면 스타로고를 설치할 수 있다.

StarLogoTNG-V1
.5-setup

1-6. 설치가 완료되었다면, 오른쪽과 같은 아이콘이 윈도우에 생성된다. 클릭하여 스타로고를 시작해 보자.

스타로고의 최소 요구 사양

스타로고를 실행하려면 3차원 그래픽을 구동할 수 있는 하드웨어와 Java 5 소프트웨어가 필요하다.

1. Windows 계열 컴퓨터

- 펜티엄 4/애슬론 1.8 GHz 이상의 CPU
- nVidia GeForce 5200 이상 혹은 ATI Radeon 7000 이상의 그래픽 카드
- RAM 최소 512Mbps 이상
- Windows 2000 이나 Windows XP 의 경우 DiretX 설치 필요

2. 매킨토시 계열 컴퓨터

- 1.4 Ghz Pentium 4 이상의 CPU
- GeForce 5200 이상의 그래픽 카드
- RAM 최소 512Mbps 이상
- Mac OS X 버전 10.4.4 이상
- 애플에서 제공하는 Java 5 release 4 이상 설치 필요

2절 스타로고 기본 인터페이스

중앙통제 창과 스페이스랜드 창

스타로고를 실행하면 다음과 같이 두 개의 창으로 구성된 기본 인터페이스가 활성화되는데, ①은 중앙통제 창이고 ②는 스페이스랜드 창이다.

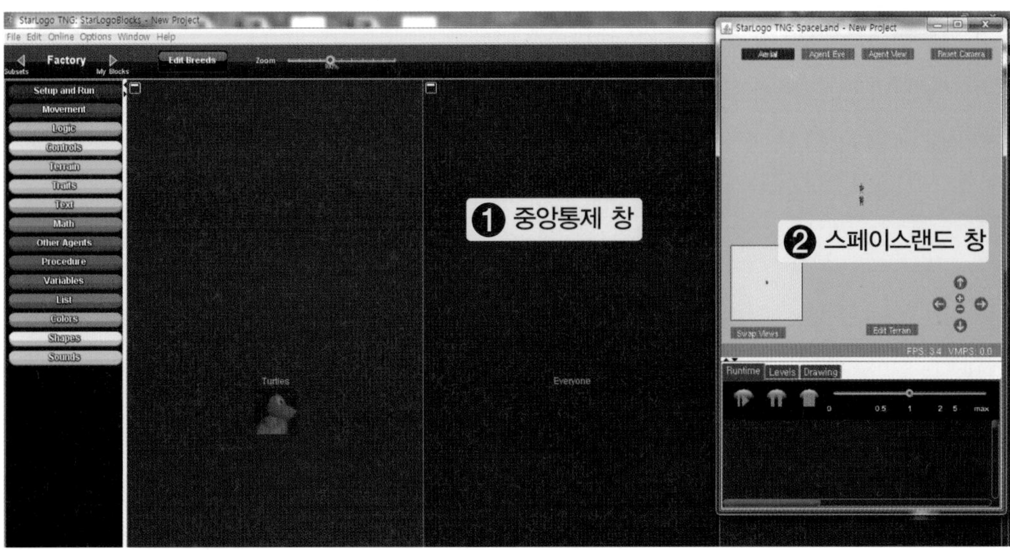

2-1. 중앙통제 창

중앙통제 창은 ① 팔레트(Palette), ② 캔버스(Canvas), ③ 메뉴 바(Menu Bar), ④ 개체 편집기(Edit Breeds), ⑤ 줌 바(Zoom Bar), ⑥ 블록 검색기(Search Blocks)로 구성되어 있다. 각각의 주요 기능은 다음과 같다.

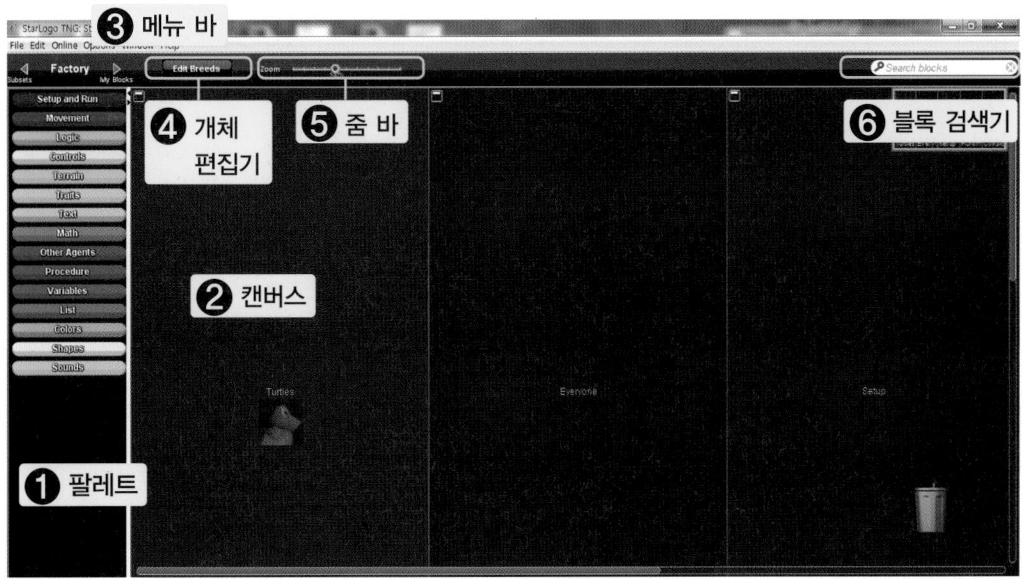

❶ 팔레트: 명령어 블록을 기능별로 분류해 저장해 둔 공간이다.

❷ 캔버스: 명령어 블록을 배치해 실제로 프로그램을 만드는 공간이다.

❸ 메뉴 바

- File: 프로그램 새로 만들기, 열기, 닫기, 저장하기 등을 실행할 수 있다.
- Edit: 복사하기(copy)와 붙여넣기(pastc) 기능이 있다. 또 Organize all blocks는 캔버스 내 블록들을 자동 정렬하는 기능이고, Edit Block Subsets는 자신만의 명령어 블록 폴더를 만드는 기능이다.
- Online: MIT 측에서 제공하는 온라인 서비스에 연결한다. 본인 계정에 로그인해 자신이 만든 프로그램을 업로드하거나 다른 사람이 만든 최신 프로그램을 다운로드받을 수 있다.
- Options: 사운드를 활성화시키거나 비활성화시킬 수 있다. 또 settings에서는 3차원 가상세계의 품질을 설정할 수 있다. 만약 자신의 컴퓨터 사양이 낮은 편이라면 여기서 품질을 낮게 설정할 수 있다.
- Window: 스타로고 중앙통제 창과 스페이스랜드 창을 불러올 수 있다.
- Help: 스타로고 버전, 스타로고 웹사이트 링크, 기본 튜토리얼, 자주 묻는 질문(FAQ) 등을 제공한다. 또한 Documentaion은 스타로고 명령어 블록을 설명해 주는 사전이다. 단, 인터넷이 연결되어 있어야 한다.

❹ 개체 편집기: 여기서 개체군(Breeds)을 추가하거나 수정 · 삭제할 수 있다.

❺ 줌 바: 캔버스 화면을 확대 · 축소할 수 있다.

❻ 블록 검색기: 복잡한 프로그램을 만들다 보면 자신이 어떤 명령어를 어디에 썼는지 잊어버릴 수 있다. 이때 블록 찾기 기능을 이용하면, 자신이 어떤 명령어 블록을 어디에 썼는지 바로 검색할 수 있다.

개체군이란?

스페이스랜드에 등장하는 개체 종류를 의미한다. Edit Breeds에서 새 개체군을 추가하거나 개체군의 이름, 모양 등을 바꿀 수 있다. 각 개체군은 자신만의 캔버스와 팔레트를 가지고 있기 때문에, 고유의 명령을 입력하여 각각의 움직임 및 특성을 실행할 수 있다.

프로그램이란?

프로그램이란 스타로고를 활용하여 저작한 파일을 뜻한다.

2-2. 스페이스랜드 창

스페이스랜드 창이란 스타로고가 제공하는 3차원 가상세계와 이를 통제하는 창이다. 캔버스에서 만든 프로그램은 여기서 3차원의 입체 형태로 구현되며, 스페이스랜드를 보여 주는 창은 중앙통제 창과 독립되어 있다. 스페이스랜드 창은 다시 ① 스페이스랜드와 ② 런타임 박스로 구성되어 있다.

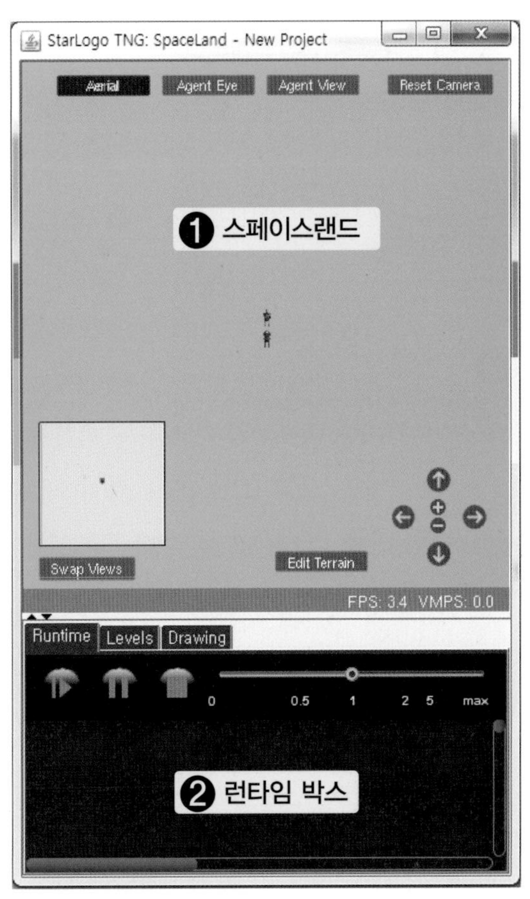

2-2-1. 스페이스랜드

스페이스랜드를 통해 가상세계에서 어떤 일이 일어나는지 관찰할 수 있다. 간단한 마우스 조작으로 카메라 위치나 각도, 시점 등을 바꿀 수 있고, 지형을 편집하거나 개체의 속성을 확인할 수도 있다.

(1) 카메라 기본 조작

카메라의 위치, 시점, 지형편집 기능 등의 카메라 기본 컨트롤을 통해 스페이스랜드를 자유자재로 조작할 수 있다.

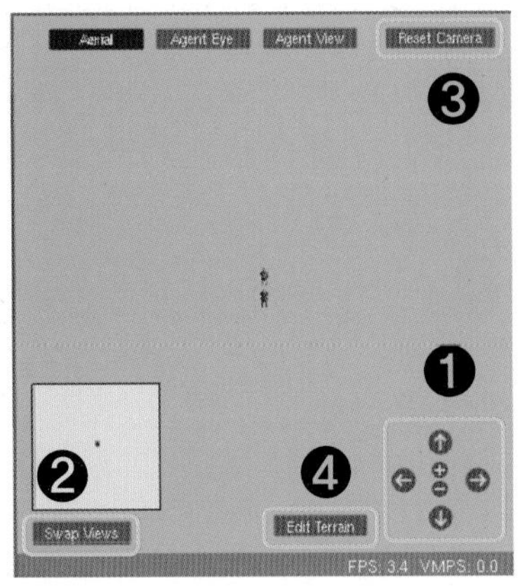

❶ 화살표 버튼(↑, ↓, ←, →)을 클릭하면 카메라 위치가 이동한다. 또 '+' '−' 버튼을 클릭하면, 화면을 줌인 · 줌아웃할 수 있다.

❷ Swap Views 버튼을 클릭하면 스페이스랜드를 2차원 화면으로 볼 것인지, 3차원 화면으로 볼 것인지 조절할 수 있다. 클릭할 때마다 시점이 전환된다.

❸ Reset Camera 버튼을 클릭하면 카메라의 위치와 시점을 초기화한다.

❹ Edit Terrain 버튼을 클릭하면 지형의 고저를 편집할 수 있다.

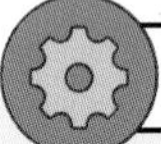

마우스로 스페이스랜드 탐험하기

간단한 마우스 조작만으로 카메라 위치나 각도를 변경할 수 있다.

① 왼쪽 버튼을 클릭한 상태에서 드래그: 카메라 위치를 상하좌우로 이동
② 오른쪽 버튼을 클릭한 상태에서 드래그: 카메라 각도 회전
③ 가운데 휠 버튼: 카메라 줌인, 줌아웃

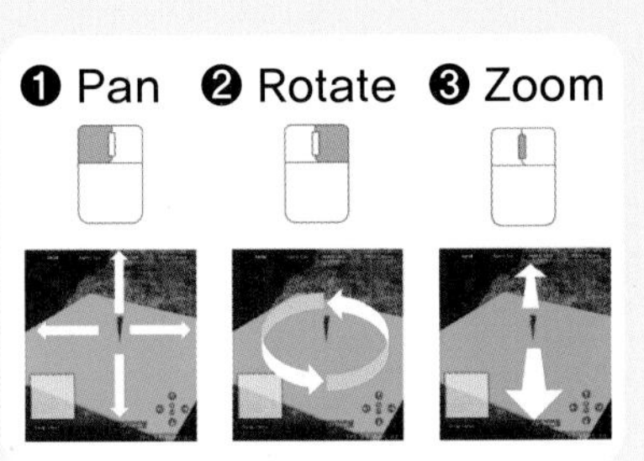

(2) 카메라 시점 변경

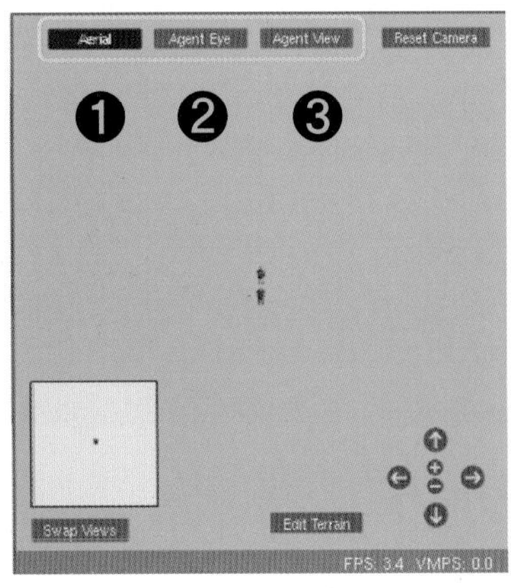

스페이스랜드에는 총 세 가지 시점이 있으며, 시점은 스페이스랜드 상단의 버튼을 클릭해 간단히 전환할 수 있다.

❶ Aerial: 스페이스랜드를 전체적으로 조망할 수 있는 시점이다. 기본 시점(default)으로 설정되어 있다.

❷ Agent Eye: 특정 개체의 눈으로 스페이스랜드를 바라보는 시점이다.

❸ Agent View: 특정 개체의 어깨 너머에서 스페이스랜드를 바라보는 시점이다.

(3) 개체 속성 확인하기

스페이스랜드에 돌아다니고 있는 개체에 마우스를 두고 왼쪽 버튼을 클릭하면 개체의 속성을 보여 주는 Monitor 창이 팝업된다. 여기서 개체의 속성을 직접 편집할 수 있다.

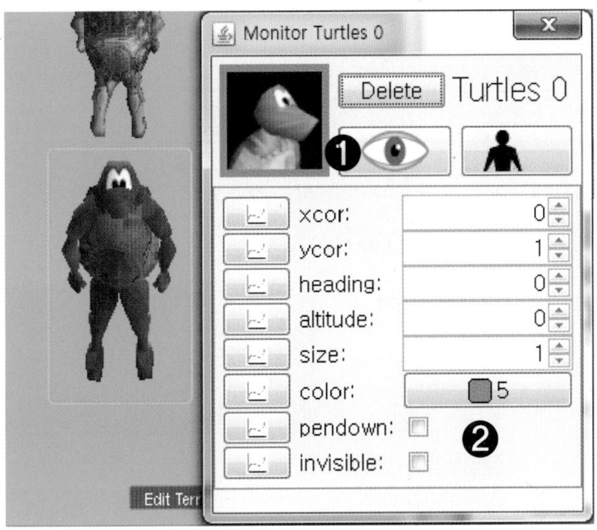

❶ **시점 변경 버튼:** 이 버튼을 클릭하면 해당 개체의 시점에서 스페이스랜드를 바라볼 수 있다.

❷ **개체 속성 기록창:** 해당 개체의 위치(xcor, ycor), 방향(heading), 수직 높이(altitude), 크기(size), 색상(color) 등에 대한 구체적인 수치 정보가 표현된다. 여기서 수치를 직접 편집할 수도 있다. pendown에 체크하면 해당 개체가 바닥에 펜으로 선을 그리며 돌아다니고, invisible에 체크하면 해당 개체가 투명하게 된다.

개체 고유 ID 번호

스페이스랜드에 생성된 모든 개체는 고유의 ID 번호를 가지고 있다. 즉, 동일한 개체군에 100마리의 거북이가 생성되었을 때, 각 거북이는 1번부터 100번까지 서로 다른 ID 번호를 가지고 있는 것이다. 나중에 이 ID 번호를 활용해 명령을 내리는 방법을 배우게 되므로, 꼭 기억해 두어야 한다.

2-2-2. 런타임 박스

런타임 박스(Runtime Box)는 스페이스랜드 하단에 위치하고 있으며, ① Runtime, ② Levels, ③ Drawing이라는 세 개의 탭으로 이루어져 있다.

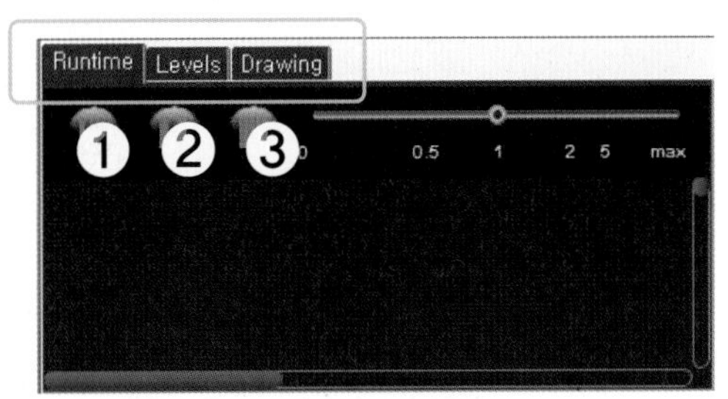

(1) Runtime 탭

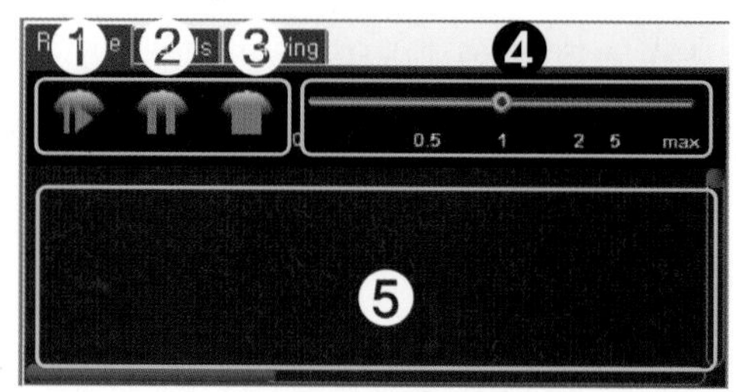

Runtime 탭은 ① 재생, ② 일시정지, ③ 정지 버튼, ④ 재생속도 조절 바, ⑤ 실행 버튼 창으로 구성되어 있다.

중앙통제창 · 스페이스랜드 · 런타임 박스와 실행 블록

setup 블록, forever 블록, run 블록, run once 블록은 캔버스에서 제작된 블록들을 스페이스랜드에서 실행하도록 해 주는 실행 블록이다. 실행 블록을 캔버스에 꺼내 놓으면 해당 블록과 연결된 실행 버튼이 오른쪽 그림과 같이 런타임 박스 하단에 생성된다. 이 실행 버튼을 누르면 해당 실행 블록에 지정된 명령 내용이 스페이스랜드에서 실행된다.

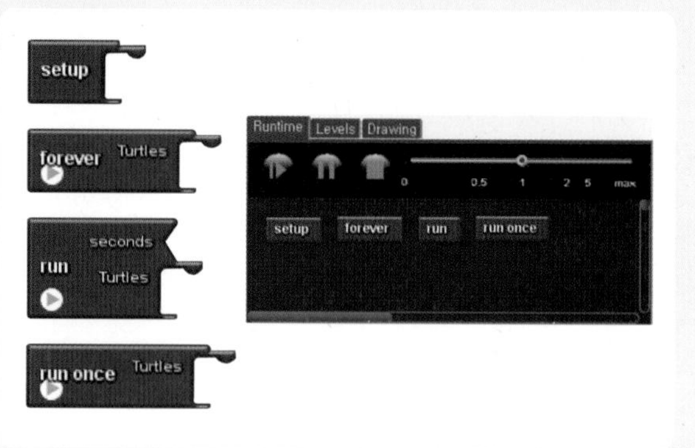

(2) Levels 탭

Levels 탭에서는 새로운 지형을 추가하거나 편집, 삭제할 수 있다. 스타로고에서는 동일한 프로그램 안에서 서로 다른 지형을 각각 다른 Level로 저장해 놓을 수 있다. 이 기능은 주로 게임에서 활용한다. 예를 들어, 각 Level마다 언덕의 개수, 땅바닥 색깔을 다르게 해서 저장해 놓은 뒤, 주인공이 Level 1에서 주어진 목표를 완수하면 Level 2로 넘어가도록 할 수 있다.

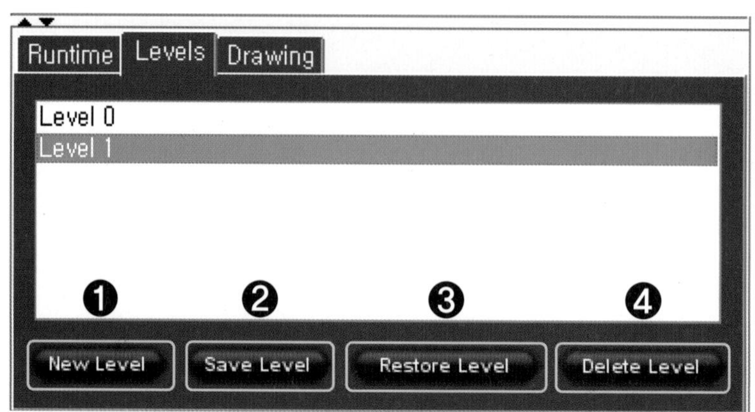

❶ **New Level**: Level 0은 원래 기본으로 주어진 지형이다. New Level 버튼을 누르면 새로운 Level 1이 생성된다.

❷ **Save Level**: 각 Level에서 지형을 편집한 다음, Save Level 버튼을 누르면 그동안 작업한 내용이 저장된다.

❸ **Restore Level**: 이 버튼은 해당 Level의 지형을 마지막으로 저장해 놓은 상태로 되돌린다. 지형을 바꾸다가 실수를 했거나 다시 원래 상태로 돌리고 싶을 때 활용한다.

❹ **Delete Level**: 선택한 Level을 영구적으로 삭제한다. 복구가 불가능하다는 점을 잊지 말아야 한다.

(3) Drawing 탭

Drawing 탭에서는 스페이스랜드 바닥에 그림을 그릴 수 있다. 자세한 내용은 3장에서 다룬다.

3절 | 스타로고 기본 구성

블록, 팔레트, 캔버스

3-1. 블록

블록(Block)이란 스타로고의 명령어를 의미한다. 이 블록들을 마우스로 이리저리 끌고 다니다 보면, 복잡한 명령어 조합도 손쉽게 만들 수 있다. 원래 컴퓨터 언어는 대단히 복잡하기 때문에 일반인들은 컴퓨터 언어에 접근하기 어렵다. 그러나 스타로고는 복잡한 컴퓨터 언어를 누구나 다룰 수 있도록 친근한 장난감 블록 모양으로 표현했다. 또 블록의 명칭이 일상적인 언어로 되어 있기 때문에 누구나 쉽게 그 뜻을 이해할 수 있다.

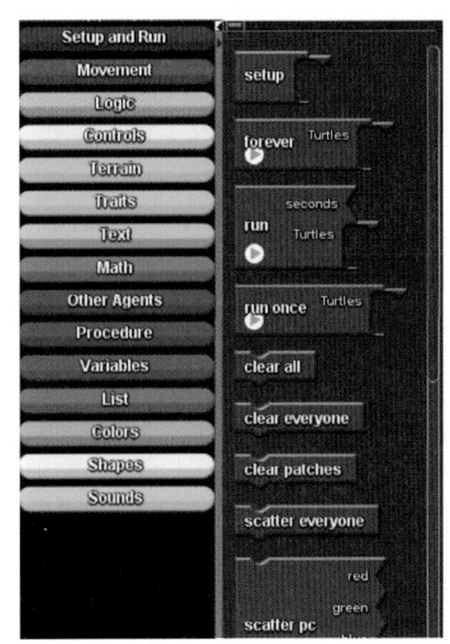

3-2. 팔레트

팔레트(Palette)란 스타로고의 명령어 블록들을 각 기능별로 분류해 담아 놓는 곳이다. 마치 화가가 팔레트에서 물감을 골라 캔버스에 그림을 그리듯, 여러분은 팔레트에 색깔별로 나누어져 있는 도구상자를 열어 블록들을 꺼내 쓸 수 있다. 팔레트는 크게 Factory 팔레트와 My Blocks 팔레트로 구분된다.

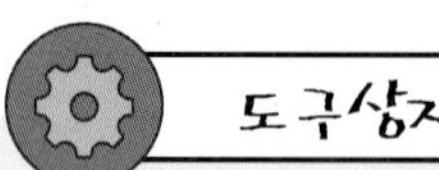

도구상자는 블록들을 분류해서 담아 두고 있는 공간이다. 팔레트는 각양각색의 도구상자로 구성되어 있는데, 이 도구상자를 클릭하면 여기에 담겨 있는 블록들이 나타난다. 자주 도구상자를 열어서 어느 블록이 어느 도구상자에 담겨 있는지 확인해 보자.

(1) Factory 팔레트

Factory 팔레트에는 모든 프로그램에서 공통적으로 쓰는 기본적인 명령어 블록들이 모여 있다. 실제 프로그램을 만들 때 대부분의 블록은 여기서 가져온다. Factory 팔레트에는 총 15개의 도구상자가 있다.

 Factory 팔레트의 주요 도구상자 소개

명 칭	내 용
Setup and Run	setup 블록이나 forever 블록 등 시작상황을 설정하거나 프로그램을 실행하는 데 필수적인 블록들이 있다.
Movement	forward 블록이나 right 블록 등 개체의 움직임을 설정하기 위한 블록들이 있다.
Logic	if 블록이나 hatch 블록, repeat 블록 등 논리함수 명령어와 관련된 블록들이 있다.
Controls	키보드로 개체를 직접 조종할 수 있게 하거나 카메라 시점을 바꿔 주는 블록들이 있다.
Traits	색상, 크기, 수직 높이 등 개체가 가진 각종 속성을 설정할 수 있는 블록들이 있다.
Text	프로그램 안에 텍스트를 삽입할 수 있도록 해 주는 블록들이 있다.
Math	사칙연산, 등호, 부등호 등 수학적 연산을 가능하게 해 주는 블록들이 있다.
Other Agents	개체의 크기나 색깔 등 속성을 불러올 수 있는 블록들이 있다.
Procedure	여러 명령어를 한 덩어리로 묶어 블록 모듬(Procedure)을 생성해 준다.
Variables	개체군에게 숫자, 참 · 거짓값 등의 변수를 부여해 주는 블록들이 있다.
Sounds	프로그램 안에 사운드를 삽입할 수 있는 블록들이 있다.

(2) My Blocks 팔레트

My Blocks 팔레트에는 특정 프로그램에서만 활용할 수 있는 고유의 블록들이 담겨 있다. 즉, Factory 팔레트가 모든 프로그램에 공통된 블록들을 보관하고 있다면, My Blocks 팔레트에는 특정 프로그램 전용 블록들을 보관하고 있다.

우선 My Blocks 팔레트에는 개체군 도구상자들이 있다. 이 도구상자들은 해당 프로그램에서 사용되는 특정 개체군의 이름을 그대로 가지고 있다. 프로그램을 만들다 보면 새로운 개체군을 추가하거나, 개체군 이름이나 모양을 바꾸게 되는데, 그럴 때마다 이와 관련된 개체군 고유의 블록들이 여기에 생성된다. 또 개체군에게 변수(Variables)나 블록 모듬(Procedure)을 만들면, 관련된 블록이 모두 여기에 자동적으로 생성된다.

My Blocks 팔레트에 있는 Everyone 도구상자 역시 개체군 도구상자와 같은 역할을 한다. 그러나 여기에 있는 블록들은 프로그램에 등장하는 모든 개체군과 관련되어 있다.

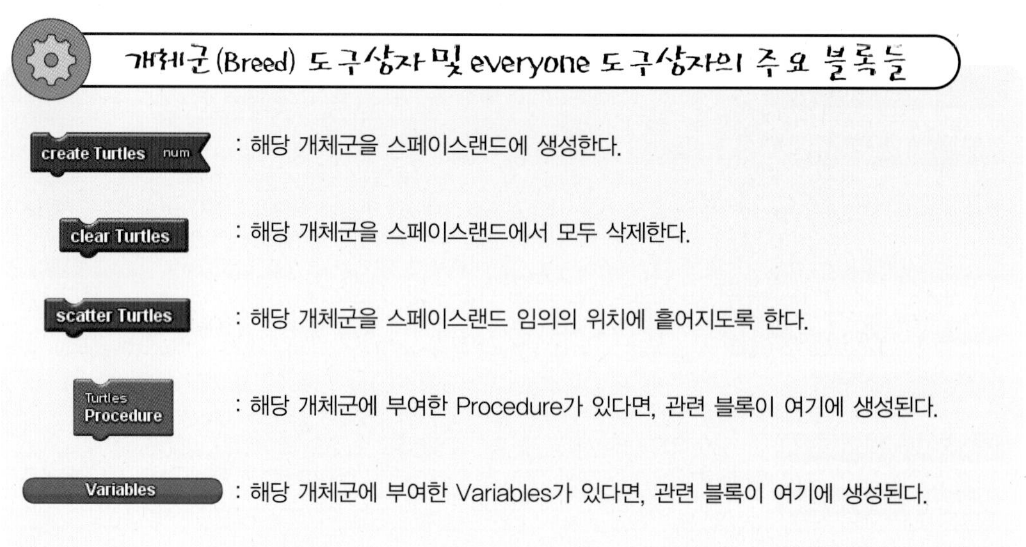

또한 My Blocks 팔레트에는 Collisions 도구상자가 있다. Collision 블록은 두 개체가 서로 부딪혔을 때 일어나게 될 변화를 설정할 수 있는 블록이다. Collision 블록은 개체군 별로 따로 지정해 줄 수 있기 때문에, 해당 프로그램에 개체군이 많으면 Collision 블록 숫자도 늘어난다.

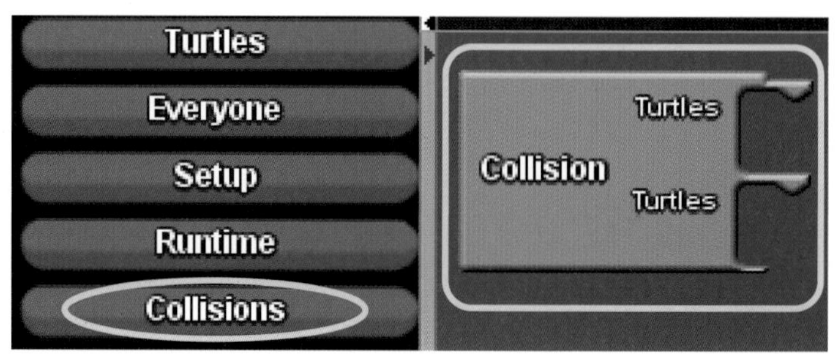

3-3. 캔버스

캔버스(canvas)란 스타로고를 실행했을 때 가장 큰 면적을 차지하는 검은색 바탕화면을 말한다.

이곳은 명령어 블록을 배치해 실제 프로그램을 제작할 수 있는 작업 공간이다. 캔버스는 총 5가지로 분류된다. 같은 명령어 블록이라도 어느 캔버스에 놓느냐에 따라 용도가 달라질 수 있기 때문에 이 기능을 잘 알아 둬야 한다.

❶ **개체군 캔버스:** 개체군(Breed) 캔버스란 특정 개체군에게만 명령을 내리기 위한 공간이다. 해당 프로그램에 등장하는 모든 개체군은 전용 캔버스가 있으며, 캔버스 이름은 개체군 이름과 동일하다. 개체군 캔버스에 명령어 블록을 놓으면 해당 개체군에게 특정한 움직임이나 속성을 부여할 수 있다. 같은 블록도 다른 개체군 캔버스에 놓으면 명령을 수행하는 주인공이 달라질 수 있으니 주의해야 한다.

❷ **Everyone 캔버스:** Everyone 캔버스는 모든 개체군에게 동일한 명령을 내리기 위한 공간이다. Everyone 캔버스에 명령어 블록을 놓으면 프로그램에 등장하는 모든 개체군에게 특정한 움직임이나 속성을 부여할 수 있다.

❸ **Setup 캔버스:** setup이란 프로그램의 시작상황을 말한다. setup 블록을 이용하면 처음에 어떤 개체군이 어디에 얼마나 위치해 있는지 등을 미리 설정해 놓을 수 있다. setup 블록은 어느 캔버스에 위치해도 상관은 없지만, 나중에 찾기 쉽도록 하기 위해 setup 캔버스에 놓는 것이 좋다.

❹ **Runtime 캔버스:** 스타로고에는 명령을 실제로 수행하도록 하는 실행(runtime) 블록이 따로 있다. 그래서 개체가 수행해야 할 움직임을 블록 모듬(Procedure)으로 따로 설정해 놓은 다음, 이것을 실행 블록과 결합시켜야 한다. Runtime 캔버스는 이 실행 블록들을 놓기 위한 공간이다.

❺ **Collisions 캔버스:** 프로그램을 만들다 보면 Collision 블록을 이용해 여러 개체가 부딪혔을

때 상황을 설계해야 하는 경우가 많다. Collisions 캔버스는 이 Collision 블록을 놓기 위한 공간이다.

❻ 캔버스 미니맵: 미니맵은 캔버스의 전체 현황을 한눈에 보여 준다.

블록, 팔레트, 캔버스, 스페이스랜드와 같은 단어들에 익숙해졌나요?
지금까지 스타로고의 설치부터 실행, 인터페이스, 기본 구성까지 살펴보았습니다. 3장부터는 본격적으로 스타로고를 어떻게 다루는지 알아볼 것입니다.
흥미로운 스타로고 저작의 기초, 함께 시작해 봅시다!

혼자해 보기 한걸음

1) 스페이스랜드의 개체를 투명하게 하려면 어떻게 해야 할까?

2) 스타로고에서 실제로 명령을 수행하도록 하는 실행 블록들을 놓기 위한 공간은 무엇일까?

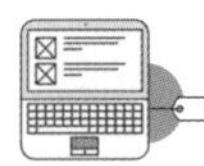

혼자해 보기 두걸음

1) 스페이스랜드의 카메라 시점 중 Aerial, Agent Eye의 차이점에 대해 설명해 보자.

2) 스페이스랜드의 카메라 시점 중 특정 개체의 어깨 너머에서 스페이스랜드를 바라보는 시점은 무엇일까?

3장 스타로고 저작하며 놀기

저작 연습으로 기본기 익히기

마우스 조작만으로 간편하게 명령어 블록을 만들고
실행해 볼 수 있는 스타로고,
누구나 쉽게 따라하고 배울 수 있습니다.
기본기부터 차근차근 따라가며
스타로고 전문가에 도전해 보세요!

◈ 생각해 보기

명령어 블록을 활용하고, 수정하고, 삭제하려면 어떻게 해야 할까? 또 블록을 하나만 사용할 때와 여러 개를 함께 사용할 때는 어떤 차이가 있을까? 또 여러 블록은 각각 어떤 기능을 가지고 있을까? 여기서는 스타로고에 익숙해지기 위한 가장 기본적인 조작법을 배운다.

◈ 해 보기

- 스타로고의 명령어 블록을 꺼내고, 합치고, 수정하고, 삭제하는 방법을 익힌다.
- Movement 도구상자에 있는 forward 블록, right 블록 등을 이용해 개체를 움직여 본다.

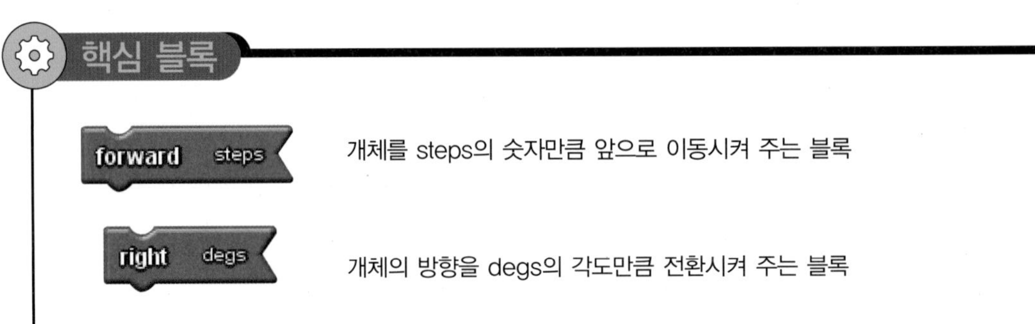

1절 블록 기본 익히기

Movement 도구상자

1-1. 블록 꺼내 놓고 실행하기

- Factory 팔레트에 있는 Movement 도구상자에서 forward 블록을 Turtles 캔버스에 꺼내 놓는다. 블록을 꺼내려면 해당 블록을 왼쪽 버튼을 클릭한 다음 원하는 위치로 드래그하면 된다.
- 이때 forward 블록을 더블클릭하면 스페이스랜드에 있는 거북이(개체)가 앞으로 한 걸음 움직이는 것을 볼 수 있다.

블록 실행하기

스타로고에서는 캔버스에 명령어 블록을 꺼내 놓은 다음 바로 실행시켜 볼 수 있다. 방법은 간단하다. 해당 명령어 블록을 더블클릭하기만 하면, 개체는 바로 그 명령어를 수행하게 된다. 물론 명령어가 제대로 구성되지 않았거나, 엉뚱한 캔버스에 위치해 있다면 아무 일도 일어나지 않는다. 명령어가 제대로 구성되었는지 확인하려면, 종종 명령어를 더블클릭해서 스페이스랜드에 어떤 일이 일어나는지 확인해 보아야 한다.

캔버스를 확인하라

스타로고 명령어들은 어느 캔버스에 꺼내 놓느냐에 따라 그 의미가 달라지기도 한다. 예를 들어, forward 블록은 Turtles 캔버스에 놓았을 때와 Everyone 캔버스에 놓았을 때 전혀 다른 결과가 나타난다. 그러므로 블록을 꺼내 놓을 때 어느 캔버스에 놓아야 하는지 꼭 확인해야 한다. 명령어는 제대로 완성시킨 것 같은데 실행이 안 되는 경우, 대부분 엉뚱한 캔버스에 멍령어를 놓았기 때문이다.

1-2. 숫자 블록 수정하기

- forward 블록의 오른쪽에 있는 숫자 블록의 숫자를 바꿀 수 있다. 위의 그림처럼 숫자 부분에 마우스를 두고 왼쪽 버튼을 클릭하면 커서가 깜빡이면서 숫자를 입력할 수 있게 된다. 여기서는 숫자를 1에서 5로 변경한다.
- forward 블록을 더블클릭하면 거북이(개체)가 앞으로 다섯 걸음 움직이는 것을 볼 수 있다. 숫자는 거북이의 걸음 횟수이자 단위 시간당 거북이가 이동하는 거리다. 즉, 숫자의 크기에 따라 이동하는 거리가 달라진다.

1-3. 블록 합치기

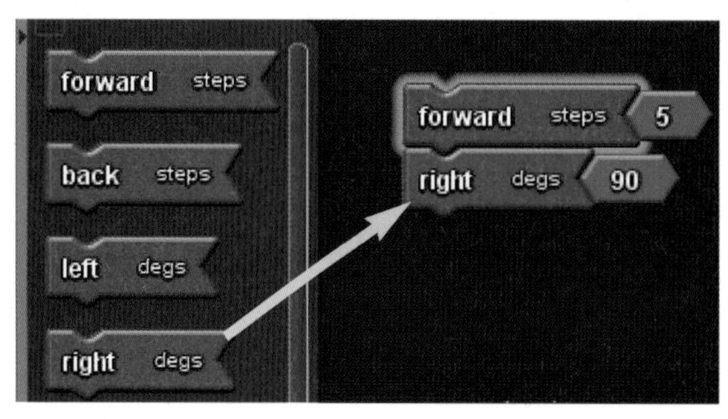

- 스타로고의 명령어 블록들은 서로 합쳐져서 한 덩어리를 이룰 수 있다. 왼쪽 그림처럼 Movement 도구상자에서 right 블록을 드래그하여 forward 블록 아래에 놓아 본다. 그러면 찰칵 소리와 함께 두 블록이 합쳐진다.

● 합쳐진 블록을 여러 번 더블클릭하면서 거북이의 움직임을 관찰해 본다. 거북이는 앞으로 다섯 걸음 전진하고, 오른쪽으로 90도 방향을 전환하는 움직임을 반복할 것이다.

블록 합치기의 원리

여러 블록을 합치는 작업은 명령어를 추가하는 것이다. 명령어는 위에서 아래로, 왼쪽에서 오른쪽의 순서로 실행한다. 그러나 모든 블록이 서로 합쳐지는 것은 아니다. 각 블록은 고유의 올록볼록한 모양새를 지니고 있는데, 이 모양이 서로 다르면 합쳐질 수 없다는 뜻이다. 워낙 다양한 경우가 있기 때문에 블록끼리 서로 합쳐질 수 있는지 없는지는 직접 확인을 해 봐야 한다.

스타로고의 주요 단축키

스타로고에도 사용자의 편의를 위한 단축키가 몇 개 있다.

- Ctrl + S: 프로그램 저장
- Ctrl + V: 블록 붙여 넣기
- Ctrl + O: 프로그램 열기
- Ctrl + W: 프로그램 닫기
- Ctrl + C: 블록 복사
- Delete: 블록 삭제
- Ctrl + N: 새 프로그램 만들기
- Ctrl + Q: 스타로고 닫기

1-4. 블록 삭제하기

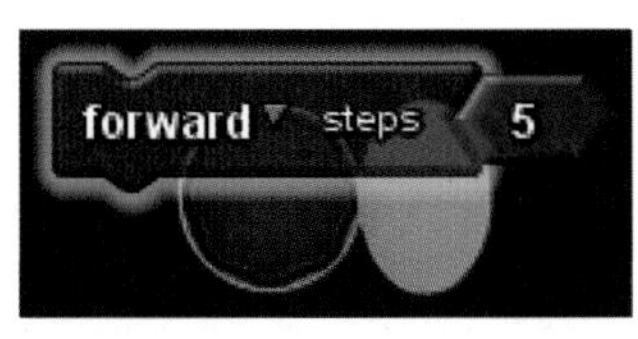

● 왼쪽의 그림처럼 forward 블록을 드래그하여 우측 아래에 있는 휴지통에 놓으면 블록을 삭제할 수 있다. 또 삭제하고자 하는 블록을 클릭한 다음, 키보드의 Delete 버튼을 눌러도 된다.

삭제 시 유의사항

한번 삭제한 블록은 되살릴 수 없으므로 항상 주의해야 한다.

1-5. 손쉽게 블록 찾기

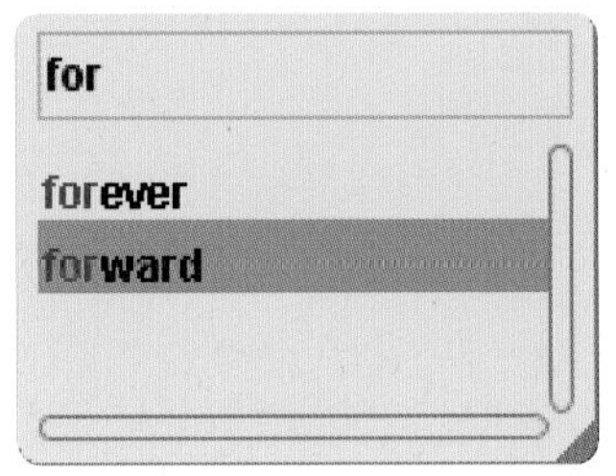

● 내가 찾는 명령어 블록이 어느 도구상자에 있는지 확인하고, 간편하게 도구상자에서 명령어를 꺼내 오기 위해 도움말을 활용할 수 있다.

● 아무 데나 빈 캔버스를 클릭하고, 원하는 블록의 명칭을 키보드로 입력해 본다. 이렇게 하면 위 그림처럼 해당 명칭을 가진 블록들의 목록이 자동으로 팝업된다.

● 키보드 방향키를 이용해 자신이 찾는 블록을 골라 본다. 그리고 엔터키를 입력하면 자신이 찾는 블록이 캔버스 위에 나타난다. 혹은 찾고 있는 블록 이름을 클릭해도 된다.

● 유사한 기능을 하는 어떤 블록들은 한 묶음으로 취급되기 때문에 마우스 클릭만으로 손쉽게 서로 전환된다. 예를 들어, forward 블록의 경우 블록 이름 옆의 작은 화살표(▽)를 클릭하면 선택상자가 나타난다. 여기서 back을 클릭하면 이 블록을 바로 back 블록으로 바꿀 수 있다. left와 right 블록도 마찬가지다.

안타깝게도 스타로고에는 되돌리기(Ctrl+Z) 기능이 없습니다. 그렇기 때문에 스타로고 프로그램을 저작하는 동안에는 특별히 저장에 신경을 써야 합니다. 수시로 저작 단계별로 다른 파일 이름으로 저장하였다가 나중에 필요할 때 해당 부분 파일을 열어 수정하는 것도 좋은 방법입니다.

2절 도형 그리기
기본 블록의 활용

◈ 생각해 보기

명령어 블록을 이용해 스페이스랜드 속의 거북이를 움직이게 하려면 어떻게 해야 할까? 또 거북이의 움직임을 이용해 스페이스랜드 바닥에 다음과 같이 그림을 그리려면 어떻게 해야 할까? 여기서는 자신이 머릿속에서 상상한 개체의 움직임을 명령어 블록으로 표현하는 방법을 배운다.

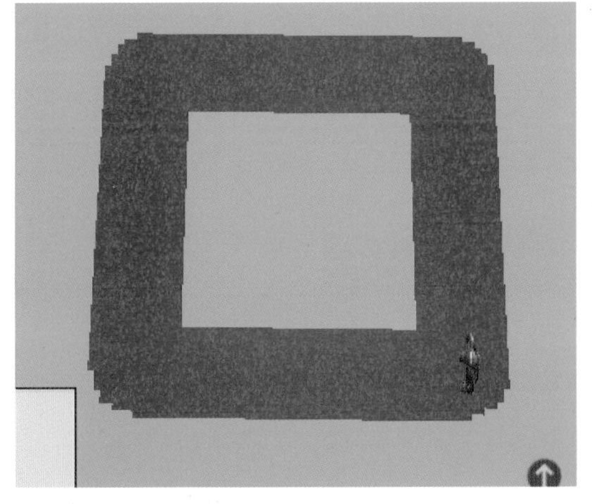

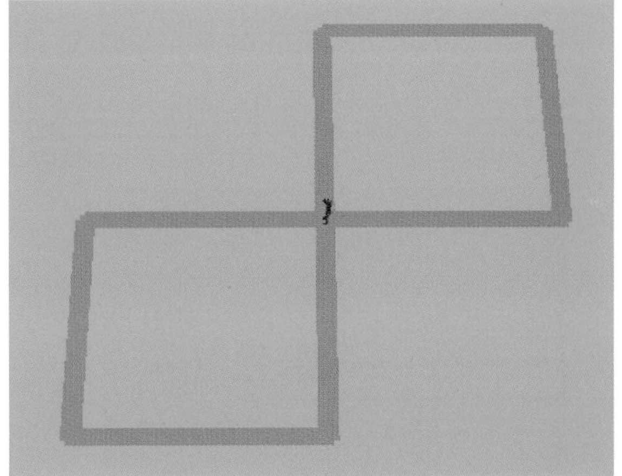

◈ 해 보기

- Movement 도구상자에 있는 블록들을 조합해 거북이를 자신이 원하는 방향대로 움직이도록 만든다.
- pen down 블록과 repeat 블록의 기능을 이해하고 원하는 목적에 맞게 활용한다.

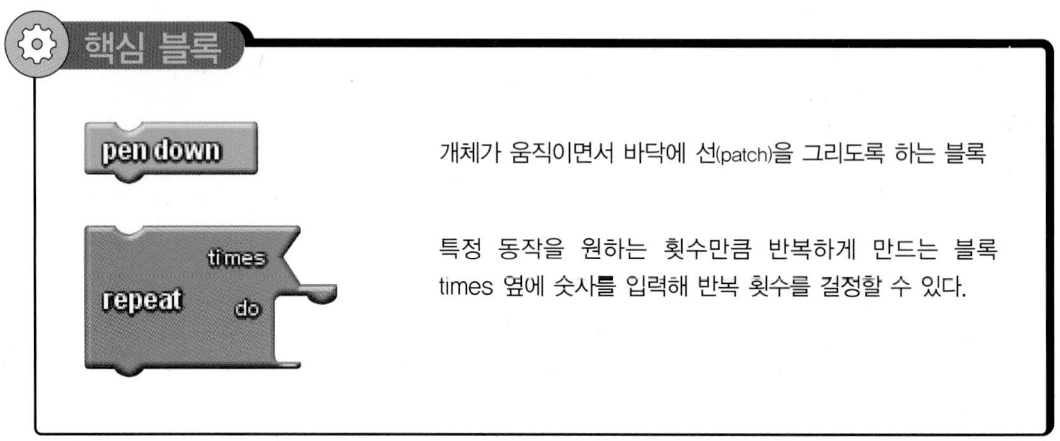

2-1. 시작상황 만들기

처음 스타로고를 시작하면 스페이스랜드 한 가운데에 거북이 2마리가 있다. 이 거북이를 1마리로 만들려면 어떻게 해야 할까? setup 블록을 이용해 처음 시작상황을 설정해 본다.

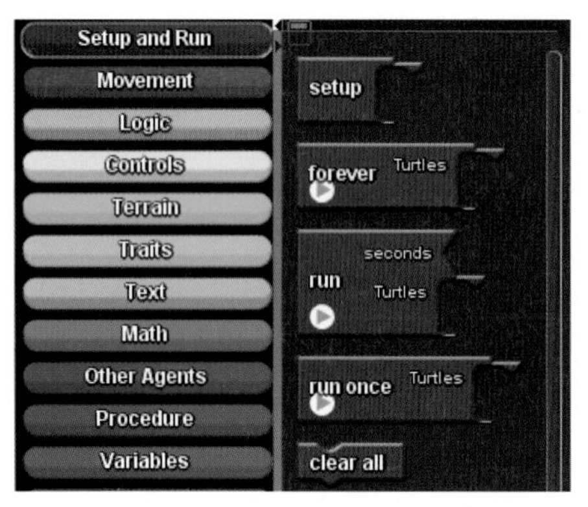

- 먼저 Setup 캔버스로 간다.
- Setup and Run 도구상자에서 setup, clear all 블록을 꺼내 위 그림처럼 놓는다.
- My Blocks 팔레트에 있는 Turtles 도구상자에서 create Turtles 블록을 꺼내 위 그림처럼 배치한다. 그 옆 숫자 블록의 수는 10에서 1로 변경한다.
- 이제 스페이스랜드 아래 런타임 박스에 생성된 setup 버튼을 누르면 스페이스랜드에 거북이 하나만 남게 된다.

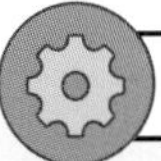

setup 블록과 setup 버튼

setup 블록은 프로그램이 처음 시작하는 상황을 설정하기 위한 블록이다. 특히 스페이스랜드상에 있는 모든 것을 깨끗하게 삭제해 주는 clear all 블록을 활용하면 프로그램을 처음 상황으로 되돌릴 수 있다. setup 블록을 캔버스에 놓으면 스페이스랜드 하단에 setup 버튼이 생성되는데, 이 버튼을 눌러 setup 블록을 실행할 수 있다.

2-2. 거북이 앞으로!

여기서는 거북이가 앞으로 이동하면서 스페이스랜드 바닥에 그림을 그린 다음, 오른쪽으로 방향을 전환하도록 한다.

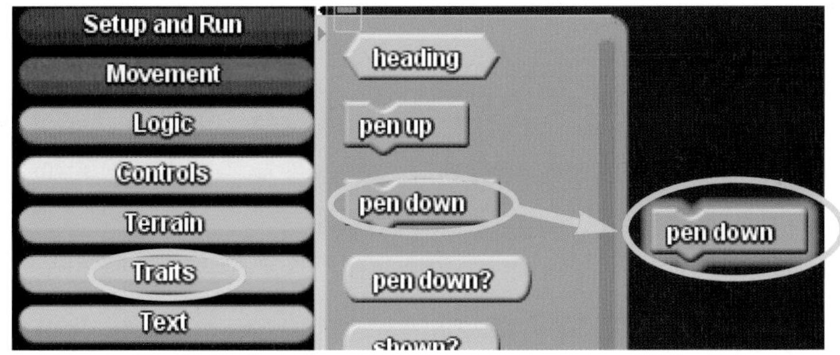

- 먼저 Turtles 캔버스로 간다.
- 거북이가 이동하면서 스페이스랜드 바닥에 선을 그릴 수 있도록 Traits 도구상자에서 pen down 블록을 꺼낸다.

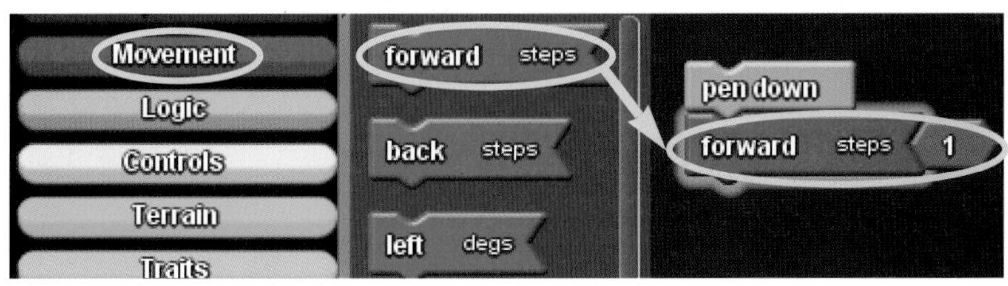

- Movement 도구상자에서 forward 블록을 꺼내 pen down 블록 아래에 놓는다.
- forward 블록 오른쪽의 숫자 블록을 클릭하면 숫자를 바꿀 수 있다. 숫자가 커질수록 거북이가 더욱 멀리 움직인다. 여기서는 숫자를 10으로 바꾼다.

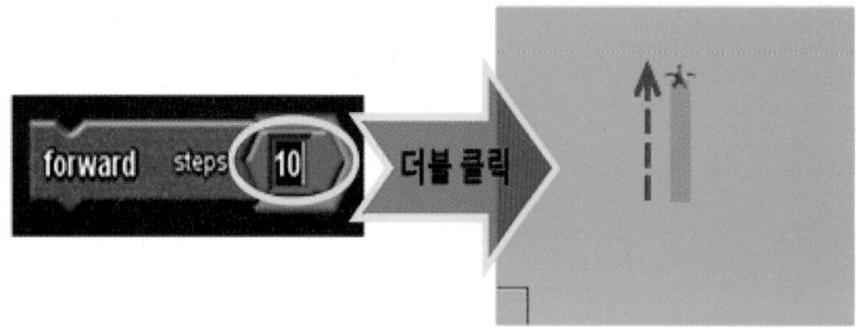

- 이제 pen down 블록을 더블클릭해 보면 거북이가 스페이스랜드 바닥에 선을 그리며 앞으로 이동하는 것을 볼 수 있다.

Steps의 기능

forward 블록 오른쪽에는 'steps'라는 항목이 있다. 이것은 개체가 이동하는 거리를 의미하며, 이곳에 숫자 블록을 결합할 수 있다. 이처럼 블록 오른쪽에 작은 글씨가 있는 경우가 많다. 이것은 블록 명령어에 구체적인 조건을 설정하기 위한 것이므로 주의 깊게 살펴보아야 한다.

- 이제 거북이가 방향을 전환할 수 있도록 right 블록을 꺼내어 forward 블록 아래에 놓는다. 그리고 right 블록 옆 숫자 블록을 클릭해 숫자를 90으로 바꾼다. 여기서 'degs'는 개체가 방향을 전환하는 각도를 의미한다.

2-3. 사각형 그리기

여기서는 repeat 블록으로 거북이가 같은 움직임을 네 번 반복하도록 만들어 사각형을 완성한다.

- 동일한 동작을 여러 번 반복하게 만들기 위해서는 repeat 블록이 필요하다. Logic 도구상자에서 repeat 블록을 꺼낸다.
- 그리고 pen down 블록 아래에 있는 forward 블록을 드래그해서 둘 사이를 떼어 놓고, repeat 블록을 pen down 블록 아래에 결합시킨다.
- 그다음 방금 떼어 놓은 forward 블록과 right 블록을 오른쪽 그림처럼 배치한다.
- 사각형은 변이 네 개이므로 거북이가 같은움직임을 네 번 반복해야 한다. 캔버스를 클릭한 후 숫자 4를 입력하면 숫자 블록이 생성된다. 그리고 두 블록을 위의 그림처럼 결합시킨다. 여기서 times는 동작을 반복하는 횟수를 의미한다.

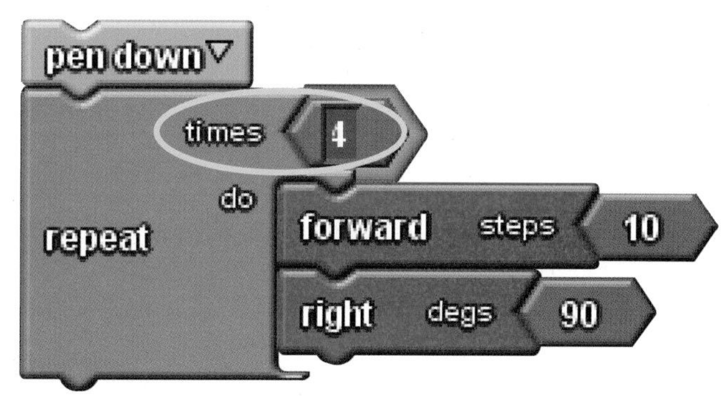

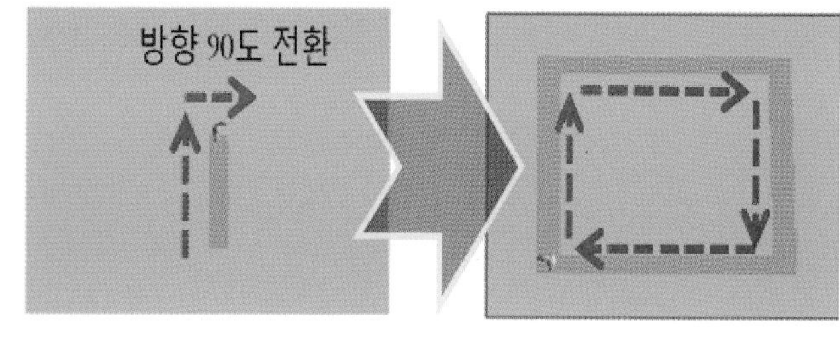

- 이제 블록이 제대로 만들어졌는지 확인해 본다. 먼저 스페이스랜드 하단에 있는 setup 버튼을 눌러 프로그램을 시작상황으로 되돌린다.
- 그다음 pen down 블록을 더블클릭해 본다. 위 그림처럼 한 번에 사각형이 그려지면 제대로 된 것이다.

setup 버튼을 눌러라

스타로고 저작 활동을 하다 보면 스페이스랜드상의 모든 것을 지우고 새로 시작해야 하는 경우가 종종 생긴다. 이럴 때 setup 블록을 활용하게 된다. setup 블록에 clear all 블록을 비롯해 시작상황을 미리 설정해 놓으면, 스페이스랜드 하단에 있는 setup 버튼을 누를 때마다 모든 것이 사라지고 처음 상황으로 돌아가게 된다.

2-4. 리본 그리기

여기서는 또 하나의 사각형을 만들어 스페이스랜드 바닥에 리본을 그려 본다.

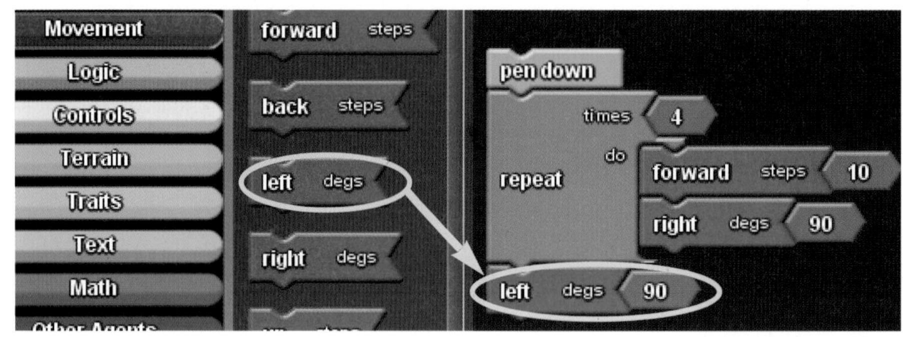

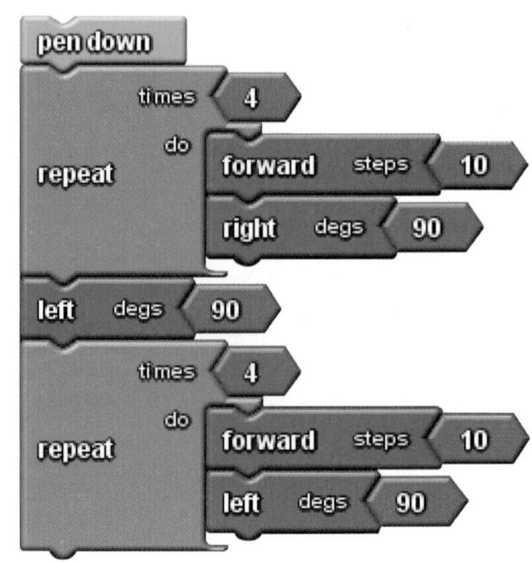

- 리본을 그리기 위해서는 대각선 방향으로 사각형을 하나 더 그려야 한다. 일단 거북이의 방향을 전환시켜야 한다. left 블록을 꺼내 repeat 블록 아래에 놓고 각도(degs)를 90으로 설정한다.
- 두 번째 사각형을 만드는 방법은 첫 번째 사각형을 만든 것과 동일하다. Logic 도구상자에서 repeat 블록을 꺼내, 앞서 만든 블록들 바로 아래에 결합시킨다. 또 times 옆에는 4를 입력한다.
- 그리고 forward 블록과 left 블록을 꺼내 오른쪽 그림처럼 배치한다.

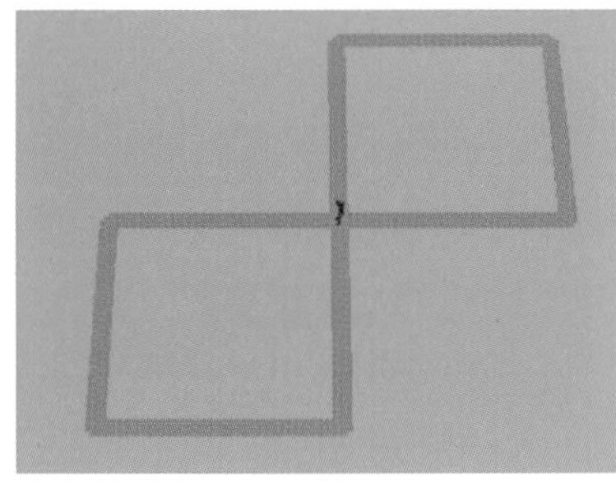

- 이제 블록이 제대로 만들어졌는지 확인할 차례다. 먼저, 런타임 박스의 setup 버튼을 눌러 프로그램을 초기화한다.
- pen down 블록을 더블클릭했을 때, 왼쪽 그림처럼 리본이 그려진다면 제대로 된 것이다.

이건 또 어때요~!

같은 결과물도 다양한 방법으로 만들어 볼 수 있다. 아래 명령어 블록들 역시 스페이스랜드 바닥에 리본 그림을 그리도록 해 준다. 이처럼 스타로고에서는 다양한 관점에서 창의적인 해결책이 가능하다.

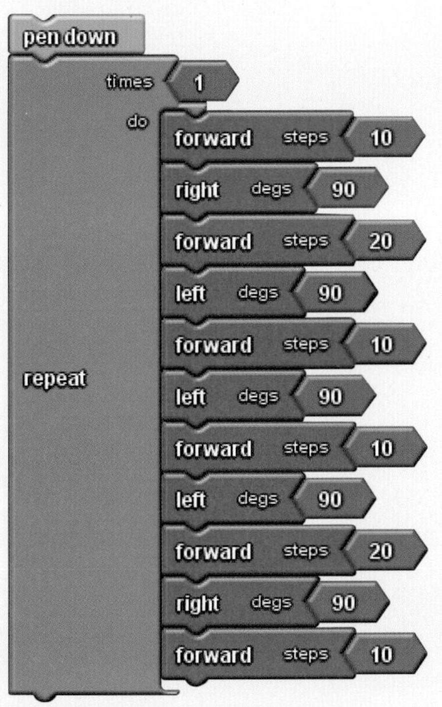

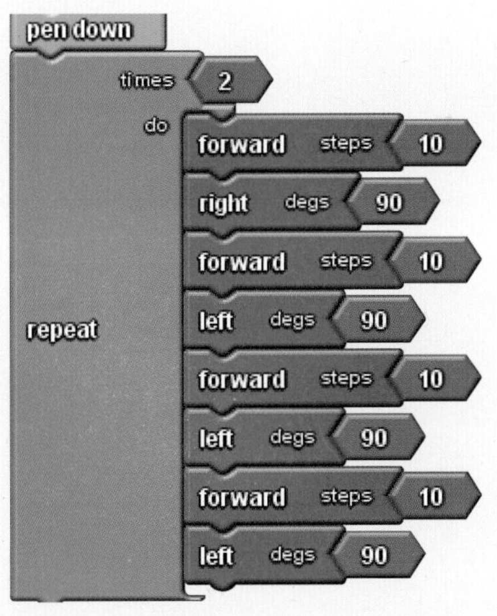

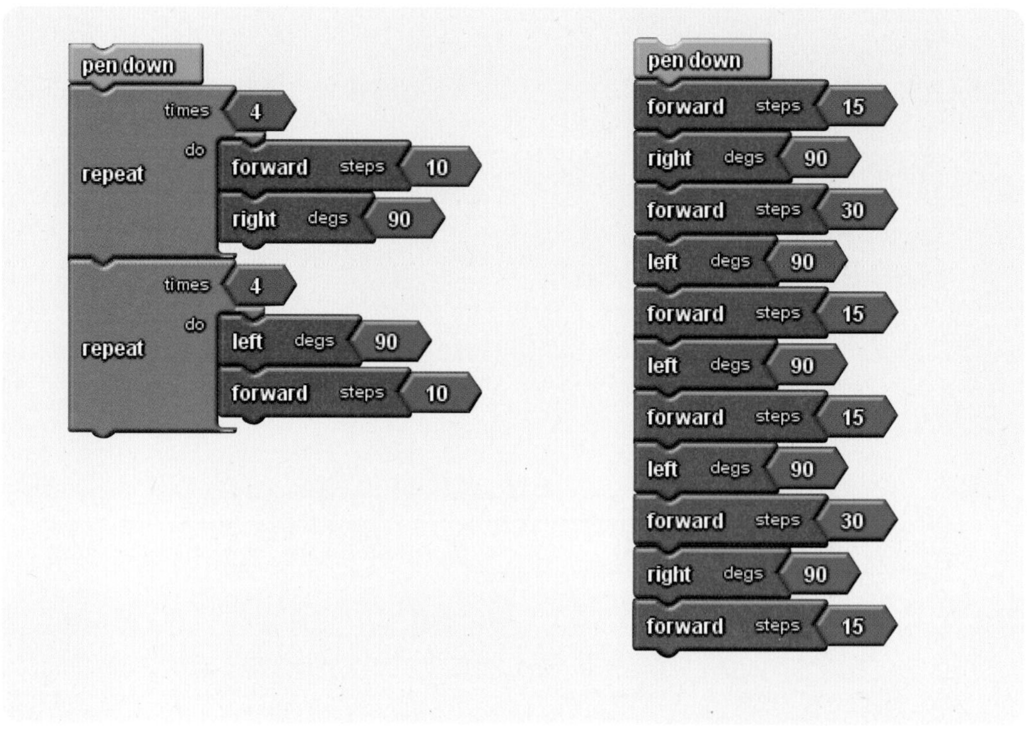

2-5. 별 그리기

이번에는 바닥에 별 모양을 그려 본다. 별의 각 꼭지각 크기는 36도라는 점을 이용해 거북이를 움직여 본다.

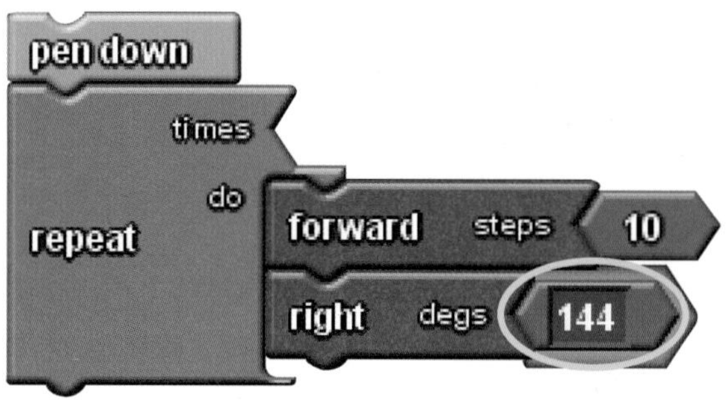

- 앞서 사각형을 만든 블록들을 다시 활용해 본다. 거북이 1마리가 별 모양을 그리기 위해서는 144도를 회전해야 한다. right 블록의 degs(각도)값을 90에서 144로 변경한다.

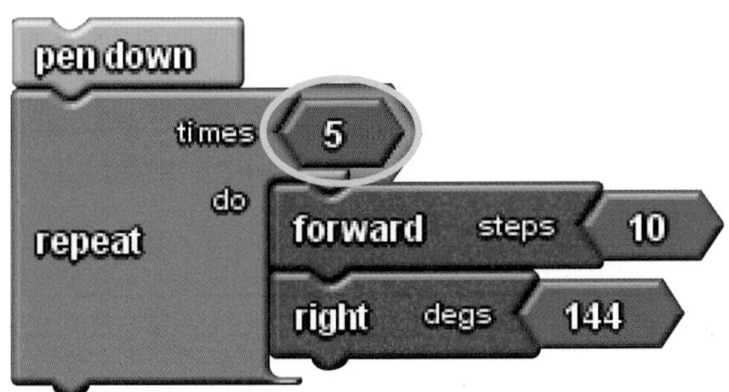

● 5개의 변으로 이루어진 별을 그리기 위해 times 옆에 숫자 블록 5를 결합시킨다.

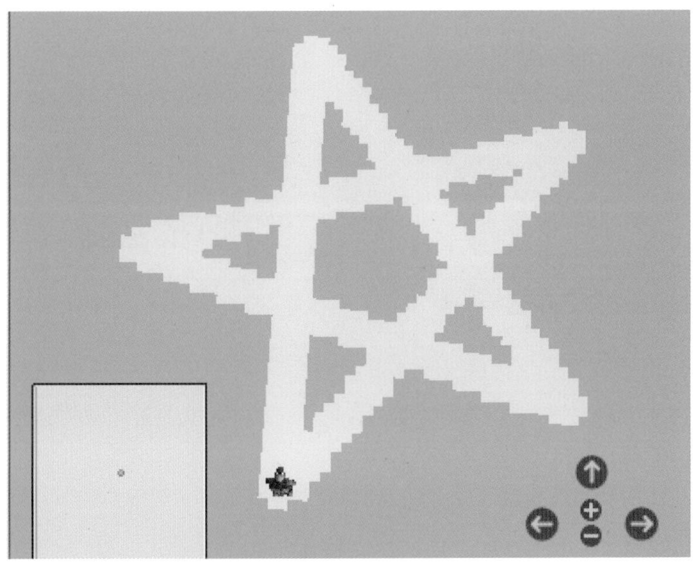

● 이제 명령어 블록이 제대로 만들어졌는지 실행해 본다. 먼저 런타임 박스의 setup 버튼을 눌러 프로그램을 초기화한다.

● pen down 블록을 더블클릭했을 때, 위 그림처럼 별 그림이 완성된다면 제대로 된 것이다.

이건 또 어때요~!

아래 결과물들은 별을 그릴 수 있는 다양한 방법이다. 한 번씩 따라하면서 각 결과물들의 원리를 이해해 보자.

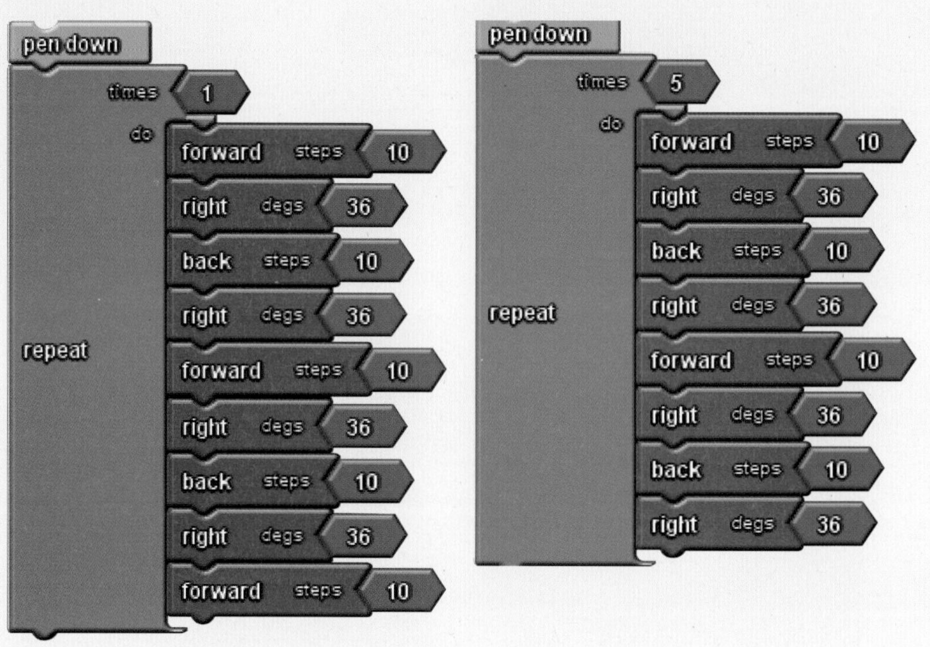

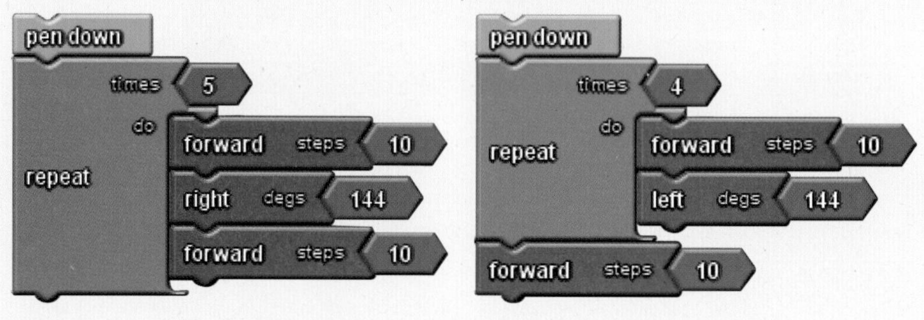

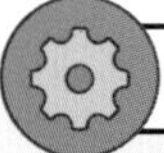

선 색깔 바꾸기

pen down 블록을 활용할 경우 기본적으로 스페이스랜드 바닥에 그려지는 선은 회색이다. 이 선의 색깔은 다음과 같이 두 가지 방법으로 바꿀 수 있다.

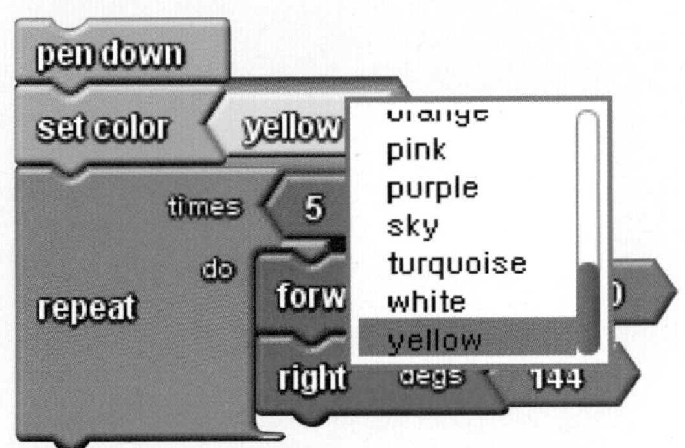

방법 ① Traits 도구상자에서 set color 블록을 꺼내 pen down과 repeat 블록 사이에 연결한다. 그다음 set color 블록 옆에 있는 red 블록 옆의 작은 화살표를 누르면 원하는 색상으로 펜을 바꿀 수 있다.

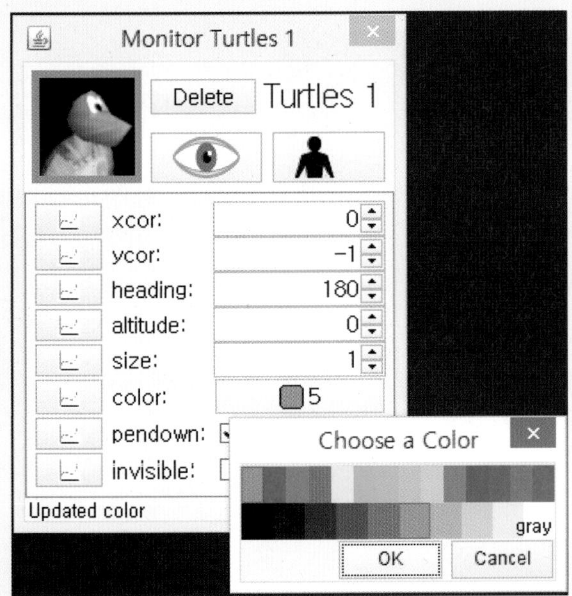

방법 ② 스페이스랜드에서 거북이를 클릭하면 개체의 속성을 편집할 수 있는 Monitor 창이 뜬다. 그 가운데 color 옆의 박스를 클릭하면 원하는 색깔을 선택할 수 있다.

3절 바다세계 만들기
스페이스랜드 지형 바꾸기

◈ 생각해 보기

처음 스타로고를 실행하면 스페이스랜드에 평평한 녹색 평지가 펼쳐진다. 이것을 아름다운 바닷속으로 바꾸려면 어떻게 해야 할까? 스페이스랜드 바닥 색깔을 푸른 바다 빛깔로 바꾸고, 여기저기 골짜기나 산을 만들려면 어떤 기능을 이용해야 할까? 여기서는 스페이스랜드의 지형을 편집하는 방법을 배운다.

◈ 해 보기

- Edit Terrain 기능을 이용해 스페이스랜드 바닥에 골짜기나 산을 만들어 본다.
- Drawing 탭을 이용해 스페이스랜드 바닥의 색깔을 바꾸고 그림이나 글자를 그려 본다.

3-1. 지형 바꾸기

스페이스랜드는 3차원이기 때문에 산이나 골짜기를 표현할 수 있다. 여기서는 Edit Terrain 기능을 이용해 스페이스랜드 바닥의 높낮이를 바꾸는 방법을 배운다.

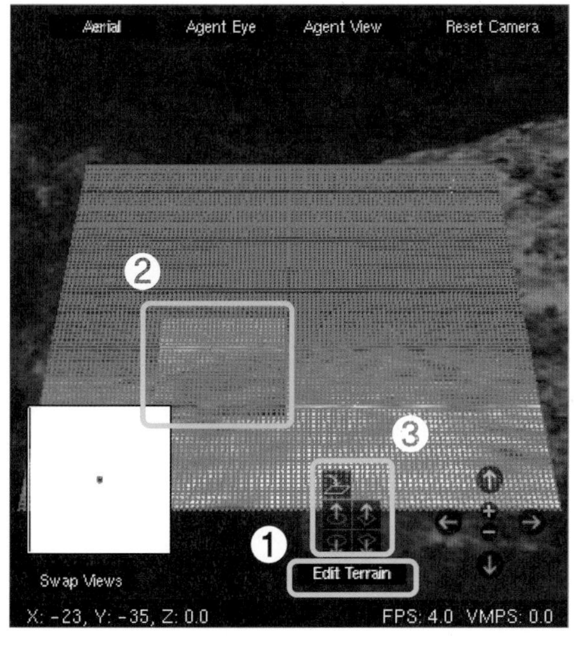

- 스페이스랜드 하단에 Edit Terrain 버튼이 있다. 이 버튼을 클릭하면 스페이스랜드 바닥에 모눈종이와 같은 눈금이 생기는데, 이것은 이제부터 지형을 바꿀 수 있다는 뜻이다.
- 지형을 바꾸고 싶은 영역에 마우스를 대고 드래그해 본다. 드래그를 한 영역의 색깔이 변하면서 높낮이를 조절할 수 있게 된다.
- Edit Terrain 버튼을 누르면, 다음과 같이 스페이스랜드의 높낮이를 바꿀 수 있는 버튼 다섯 개가 스페이스랜드 아래쪽에 활성화된다. 각 버튼을 클릭해 보면서 지형이 어떻게 바뀌는지 경험해 볼 수 있다.

종 류	기 능
	선택된 영역을 평지로 되돌린다.
	선택된 영역을 동그란 모양으로 솟아오르게 만든다.
	선택된 영역을 동그란 모양으로 움푹 들어가게 만든다.
	선택된 영역을 사각형 모양으로 솟아오르게 만든다.
	선택된 영역을 사각형 모양으로 움푹 들어가게 만든다.

3-2. 바닥 색깔 바꾸기

스페이스랜드의 바닥 색깔을 바꾸면 프로그램의 분위기가 확연히 달라진다. 여기서는 Drawing 탭을 이용해 스페이스랜드의 바닥 색깔을 바꾸는 방법을 배운다.

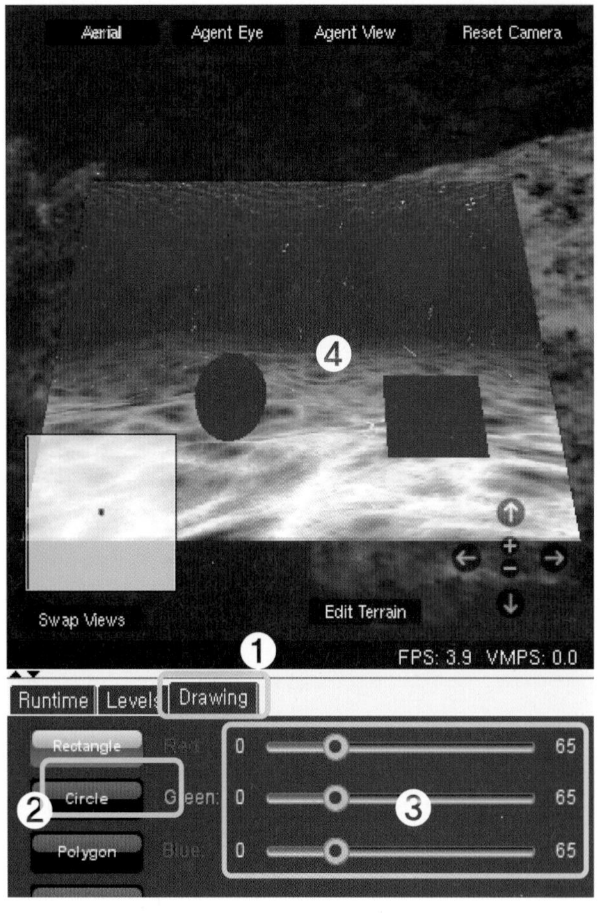

- 스페이스랜드 아래에 있는 Drawing 탭을 클릭한다. Drawing 탭에는 색깔을 조절할 수 있는 RGB 바와 Rectangle, Circle, Polygon, Pencil, Image 이렇게 다섯 개의 버튼이 있다.
- 스페이스랜드 바닥 색깔을 바꾸는 방법은 다음과 같다. 먼저 RGB 바를 조절해 자신이 원하는 색상을 찾는다. RGB 바에는 세 가지가 있는데 Red, Green, Blue 값을 조절하면, Drwaing 탭의 배경색이 바뀐다. 이 배경색이 바로 현재의 RGB 값이 표현하는 색상이므로 자신이 원하는 색상이 나타날 때까지 각 바를 조절해 본다.

RGB 색상이란?

RGB 색상이란 붉은색, 녹색, 파란색을 일정 비율로 섞어, 여러 색깔을 표현하는 방법이다. 예를 들어, 세 값이 모두 255이면 흰색이 되고, 모두 0이 되면 검은색이 된다. 다음은 스타로고에서 기본적으로 제공하는 색깔들의 RGB 값들이다.

색상	RGB값('R G B')	색상	RGB값('R G B')
blue	'0 0 255'	red	'255 0 0'
cyan	'0 255 255'	sky	'135 206 255'
green	'50 205 50'	turquoise	'64 224 208'
lime	'0 255 0'	white	'255 255 255'
magenta	'255 0 255'	yellow	'255 255 0'
orange	'255 165 0'	brown	'165 42 42'
pink	'255 192 203'	gray	'128 128 128'
purple	'128 0 128'	black	'0 0 0'

- 색깔이 정해졌다면, 이제 스페이스랜드 바닥에 그림을 그릴 차례다. 바닥에 그림을 그리는 방법은 윈도우에서 그림판을 사용하는 방법과 유사하다. 먼저 원하는 도구를 선택한다. Drawing 탭에는 총 4개의 기본 도구(Rectangle, Circle, Polygon, Pencil)가 제공된다.
- 그다음 자신이 원하는 영역에 마우스로 드래그하거나, 클릭하면 도형이나 선이 그려진다. 하나씩 체험해 보면서 각 도구가 어떻게 기능하는지 확인해 본다.

종류	기능
Rectangle	원하는 영역에 드래그를 하면 사각형이 그려진다.
Circle	원하는 영역에 드래그를 하면 원이 그려진다.
Polygon	스페이스랜드 바닥에 다각형을 그릴 수 있다. 한 지점에 왼쪽 버튼을 클릭하고, 또 다른 여러 지점에 왼쪽 버튼을 클릭하면 클릭한 지점이 꼭짓점이 되면서 다각형이 그려진다. 그림 그리는 것을 멈추고 싶을 때는 마지막 꼭짓점에서 더블클릭을 해 준다.
Pencil	자유롭게 선을 그릴 수 있다. Pencil 버튼을 클릭하면 Width 바가 활성화되는데 이를 통해 선의 굵기를 조절할 수 있다.
Image	원하는 그림 파일을 불러와 스페이스랜드에 넣을 수 있다.

4절 바다생물 만들기

개체군 바꾸기

◈ 생각해 보기

스타로고를 처음 실행하면 스페이스랜드에 거북이 두 마리밖에 없다. 이 거북이를 다른 것으로 바꾸려면 어떻게 해야 할까? 또 다른 종류의 등장인물을 추가하거나 삭제하려면 어떻게 해야 할까? 여기서는 프로그램에 등장하는 개체군을 바꾸는 방법을 배운다.

◈ 해 보기

- Edit Breeds 기능을 이용해 기존 개체군(Breeds)의 이름이나 모양을 바꾼다.
- Edit Breeds 기능을 이용해 새로운 개체군을 추가하거나 삭제한다.

4-1. 개체군 바꾸기

여기서는 Edit Breeds 기능을 이용해 기존에 있던 거북이(Turtles)를 해마(seahorse)로 바꿔 본다.

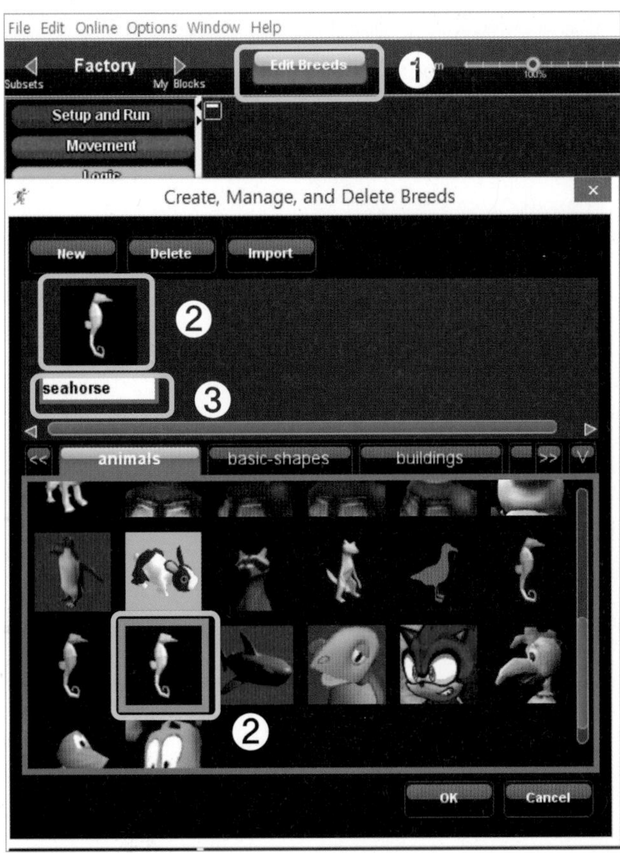

- 주 메뉴 바로 아래에 있는 Edit Breeds 버튼을 클릭한다. 여기서 프로그램에 등장하는 개체군들을 바꿀 수 있다.
- 왼쪽 상단을 보면 현재 개체군이 무엇인지 표시된다. 그 아래에 있는 이름을 클릭하면 이름을 바꿀 수 있다. 여기서는 'seahorse'로 바꿔 준다.
- 아랫부분에는 스타로고가 기본적으로 제공하는 개체군 모양이 각 종류별로 분류되어 있다. 이 가운데 원하는 모양을 클릭하기만 하면 개체군 모양이 바뀐다. 여기서는 animals 탭에서 왼쪽 그림과 같이 해마 모양을 선택한다.

개체군(Breeds)이란?

자연에 다양한 생물종이 존재하듯이 가상세계인 스페이스랜드에도 다양한 종류의 개체가 있을 수 있다. 개체군(Breeds)이란 스페이스랜드에서 활동하는 가상 존재들의 종류를 의미한다. 이 개체군의 이름이나 모양은 Edit Breeds 기능을 통해 바꿀 수 있고, 또 새로운 개체군을 자유롭게 추가할 수도 있다. 여기서 주의할 점은 개체군(Breeds)에게 명령을 내릴 때 한꺼번에 내릴 수밖에 없다는 사실이다. 예를 들어, Turtles라는 개체군에 총 10마리의 개체가 있을 때 각 개체별로 따로 명령을 내릴 수는 없다. Turtles라는 개체군에는 오직 하나의 캔버스만 주어지며, 여기에 만들어진 명령어 블록은 Turtles라는 개체군 10마리 모두에게 해당된다. 만약 각 Turtles에게 따로 명령을 내리고 싶다면, 개체군을 추가로 만들어 주어야 한다.

4-2. 개체군 추가하기

이번에는 Edit Breeds에서 fish라는 새로운 개체군을 추가한다.

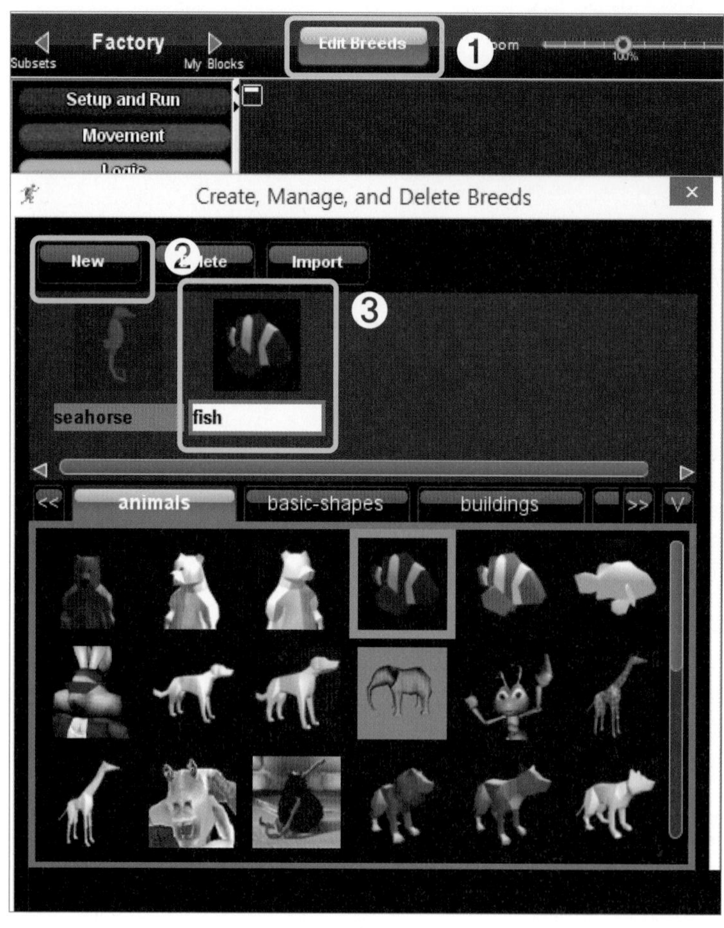

- Edit Breeds의 상단에 보면 New 버튼이 있다. 이 버튼을 클릭하면 새로운 개체군을 추가할 수 있다.
- New를 클릭하면 왼쪽 그림처럼 새로운 개체군을 설정할 수 있는 창이 활성화된다. 먼저 새로운 개체군의 이름을 fish로 바꿔 준다.
- 이제 새 개체군의 모양을 바꿔 준다. animals라는 탭에서 물고기 모양을 클릭한다.

4-3. 개체군 삭제하기

여기서는 Edit Breeds에서 불필요한 개체군을 삭제하는 방법을 배운다.

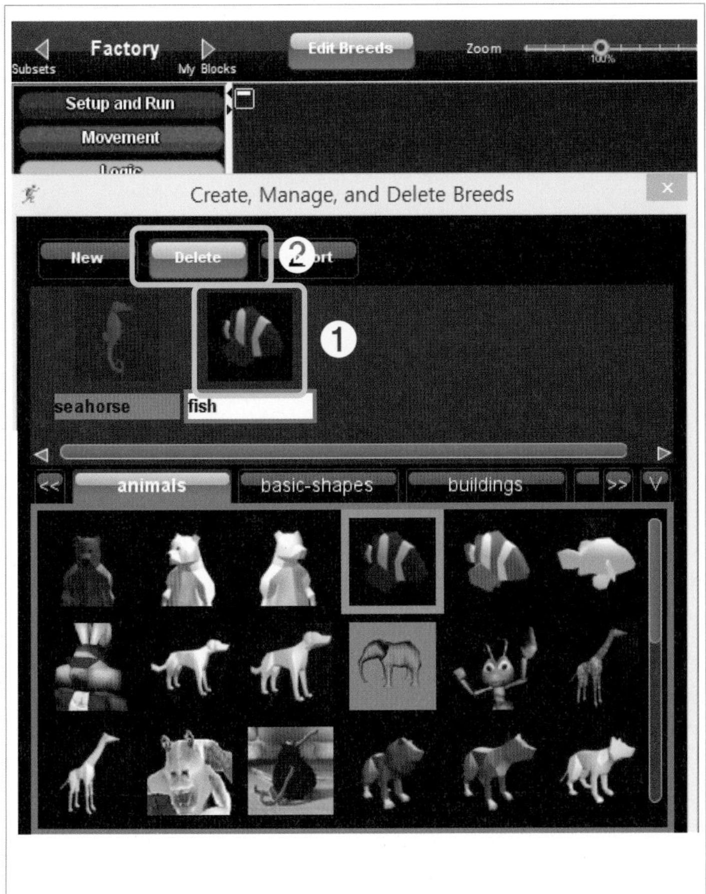

- Edit Breeds의 상단을 보면 Delete 버튼이 있다. 삭제를 하고자 하는 개체군을 선택한 다음 Delete 버튼을 클릭하면, 선택한 개체군이 삭제된다.

5절 시작상황 만들기
setup 기능

◈ 생각해 보기

프로그램에 새로운 개체군들이 등장하게 하려면 어떻게 해야 할까? 또 프로그램의 시작상황을 정교하게 설계하려면 어떤 블록들을 이용해야 할까? 여기서는 setup 블록을 이용해 프로그램 시작상황을 설정하는 방법을 배운다. 그리고 바닷속을 만들어 본다.

◈ 해 보기

- setup 블록과 clear all 블록을 이용하여 setup 버튼을 누를 때마다 스페이스랜드 안의 모든 것이 삭제되도록 만든다.
- create 블록과 scatter 블록을 이용해 물고기 10마리가 스페이스랜드 여기저기에 흩어지게 만든디.
- set size 블록과 set altitude 블록을 이용해 물고기들의 크기와 위치를 구체적으로 설정한다.

핵심 블록

setup	프로그램의 시작상황을 설정해 주는 블록. setup 블록을 캔버스에 놓으면 스페이스랜드 하단에 있는 setup 버튼이 생성되며, 이 버튼을 누를 때마다 setup에 설정한 명령들이 실행된다.
clear all	프로그램에 있는 모든 개체와 변화된 지형을 삭제해 주는 블록
clear everyone	프로그램에 있는 모든 개체를 삭제해 주는 블록
clear patches	프로그램에 있는 모든 변화된 지형을 삭제해 주는 블록
create Turtles num 10 do	특정 개체군을 원하는 수만큼 생성하도록 해 주는 블록. do 옆에는 각 개체군이 가져야 할 조건이나 속성을 설정할 수 있다.

5-1. 스페이스랜드 바닥 색깔과 개체군 바꾸기

본격적으로 시작상황을 설정하기 전에 먼저 스페이스랜드 바닥 색깔을 푸른색으로 바꾸고, 개체군도 물고기로 바꾸어 본다.

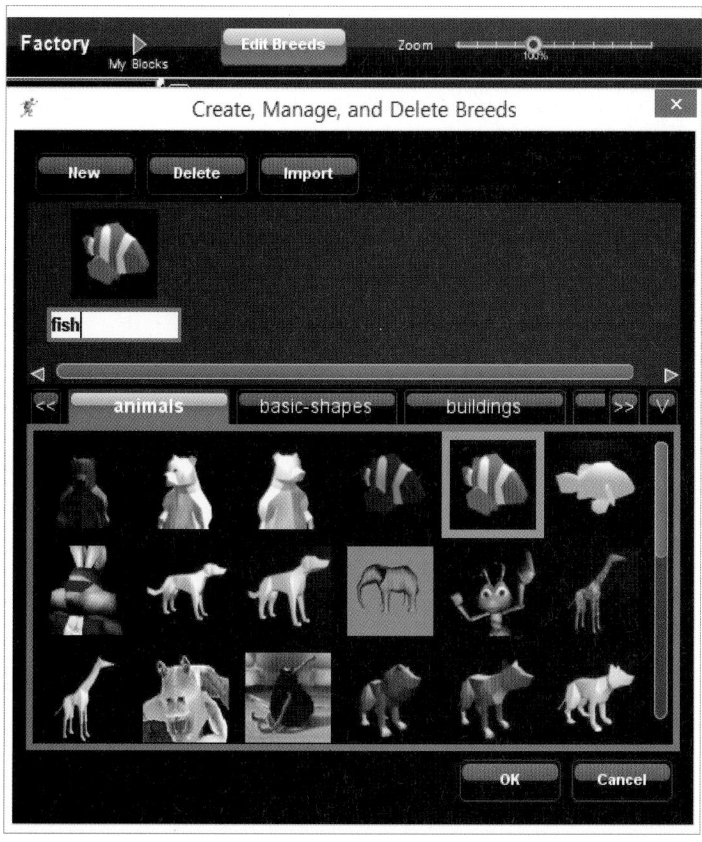

- 스페이스랜드 아래에 있는 Drawing 탭을 이용해 스페이스랜드 바닥의 색깔을 바꾸어 본다. 이와 관련된 상세한 설명은 3장 3절 62페이지를 참조한다.
- Drawing 탭에서 Rectangle 버튼을 클릭한 다음 색깔을 푸른색으로 바꾼다. 그다음 스페이스랜드 바닥 전체를 드래그해서 위 그림처럼 색깔을 바꿔 준다.

- 이번에는 Edit Breeds에서 개체군을 바꿔 준다. 상세한 설명은 3장 4절 65페이지를 참조한다.
- Edit Breeds 버튼을 클릭한 다음, 개체군의 이름은 fish로 바꾼다. 또 개체군 모양은 위 그림처럼 animals 탭에 있는 물고기 모양을 선택한다.

5-2. 물고기 생성하기

이제 본격적으로 시작상황을 설정해 본다. 우선 setup 버튼을 눌러서 프로그램상의 모든 것이 사라지게 한다. 그리고 10마리의 물고기가 임의의 위치에 생성되도록 해 본다.

● 먼저 setup 캔버스로 간다. 그리고 여기에 Setup and Run 도구상자에서 setup 블록을 꺼내 놓는다.

● 이번에는 Setup and Run 도구상자에서 clear everyone 블록을 꺼내 위 그림처럼 배치한다. clear everyone 블록을 사용하는 이유는 스페이스랜드 상에 있는 개체들만 삭제하기 위해서다. 만약 clear all 블록을 활용하게 되면 바로 앞에서 스페이스랜드 바닥을 푸른색으로 바꾼 것까지 원래 상태로 돌아가게 된다.

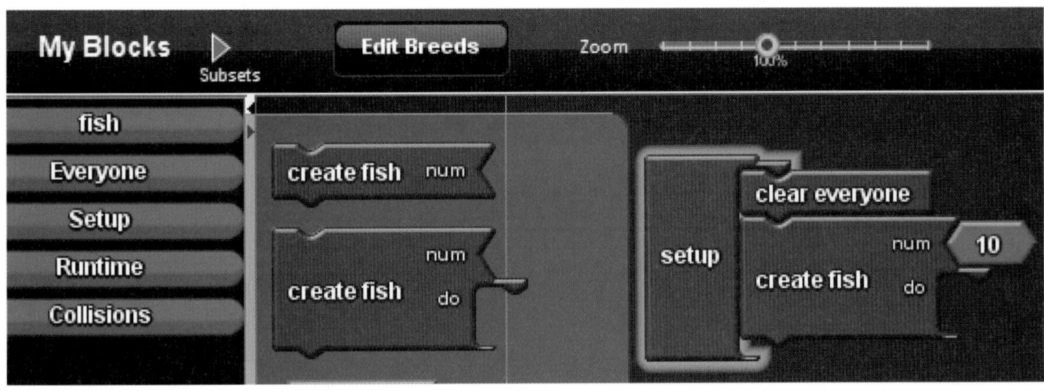

● My Blocks 팔레트의 fish 도구상자에서 create fish do 블록을 꺼내 위 그림과 같이 배치한다. num 옆에 숫자 10을 입력하면 10마리의 물고기를 만들 수 있다.

create 블록

create 블록은 특정한 개체군을 원하는 수만큼 생성해 주는 블록이다. 이 블록들은 해당 프로그램 내에 존재하는 특정 개체군 고유의 블록들이다. 때문에 Factory 팔레트에 있는 것이 아니라 My Blocks 팔레트에 있다. 이와 관련된 상세한 설명은 2장 3절 37페이지에 나와 있다.

● 이제 물고기들이 여기저기 흩어지도록 해 줄 차례다. Setup and Run 도구상자에서 scatter everyone 블록을 꺼내 아래 그림처럼 배치한다. scatter everyone 블록은 개체들을 스페이스랜드에 적절히 흩어지게 해 주기 때문에 매우 유용한 블록이다.

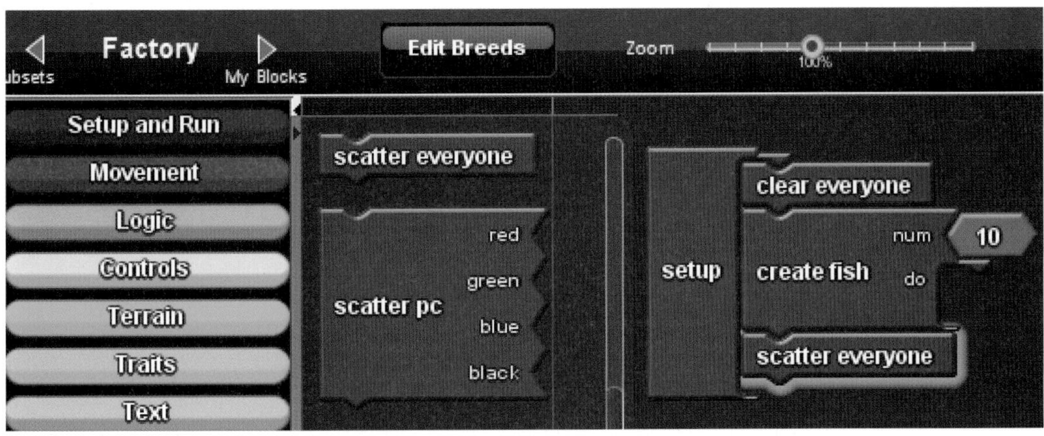

- 이제 스페이스랜드 아래에 생성된 setup 버튼을 눌러 본다. 아래 그림처럼 10마리의 물고기가 여기저기 흩어진다면 제대로 블록을 완성한 것이다.

5-3. 물고기에게 속성 부여하기

스타로고의 개체들은 색깔, 크기, 수직 높이, 방향 등 다양한 속성을 가진다. 여기서는 특정 개체군이 생성될 때 언제나 일정한 속성을 갖도록 설정하는 방법을 배운다. 특히 물고기의 수직 높이와 크기를 조절해서 좀 더 그럴듯한 바닷속 풍경을 만들어 본다.

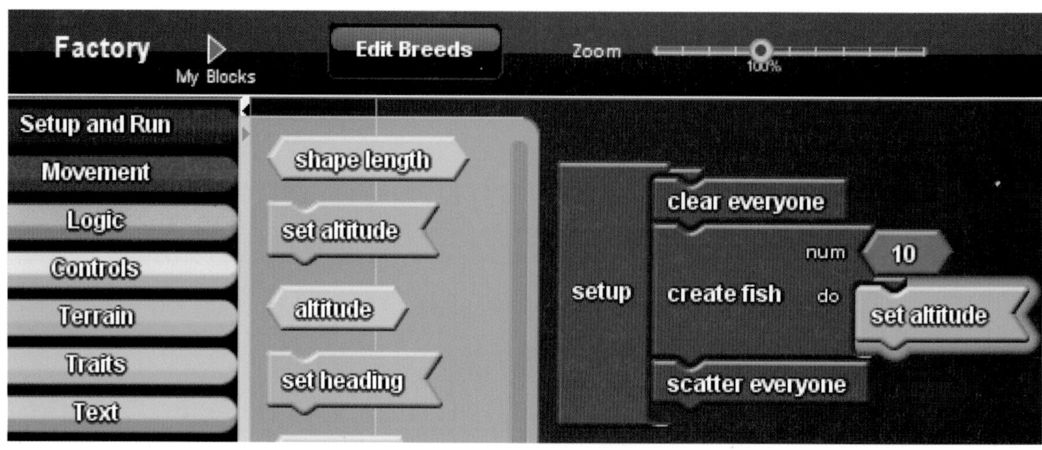

- 우선 Traits 도구상자에서 set altitude 블록을 꺼내 create fish 블록 옆에 연결한다. set altitude 블록 옆의 숫자 블록 0은 삭제한다.

altitude란?

altitude란 스페이스랜드 바닥으로부터 수직 높이를 의미한다. 스페이스랜드는 3차원이기 때문에 어떤 개체들은 바닥 위에서 활동하는가 하면, 다른 개체들은 공중에서 돌아다닐 수 있다. 수직 높이를 다르게 설정해 주면 공중이나 물속에서 떠다니는 물체들을 효과적으로 표현할 수 있다.

- Math 도구상자에서 random 블록을 꺼내 set altitude 블록 옆에 연결한다. 또 그 옆에 숫자 50을 입력해 아래 그림처럼 만들어 준다.

random 블록이란?

숫자 블록과 함께 사용되어 임의로 어떤 숫자를 택하도록 하는 블록이다. 예를 들어, random 블록 오른쪽에 숫자 10을 결합시키면, 1부터 10까지 숫자 가운데 임의로 숫자 하나를 선택하게 된다. random 블록은 매우 유용하다. set color나 set size 블록 등과 함께 사용해 색깔, 크기 등을 무작위로 설정할 수 있고, left나 right 블록과 연결시켜 무작위 방향으로 움직이도록 만들 수도 있다. 또 확률적으로 어떤 사건이 일어나도록 할 수도 있다.

- 이제 물고기의 크기를 조금 더 크게 만들어 본다. 개체 크기를 바꾸고 싶을 때는 set size 블록을 활용해야 한다. Traits 도구상자에서 해당 블록을 꺼내 위 그림처럼 배치한다. 또 그 옆에 숫자 3을 입력해 준다.

- 이제 스페이스랜드의 아래에 있는 setup 버튼을 눌러 본다. 조금 더 커진 물고기들이 마치 물 속에 둥둥 떠 있는 것처럼 보일 것이다.

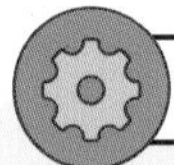

프로그램 저장하기

지금까지 만든 프로그램을 저장해 본다. 파일 이름은 'sea'로 바꿔서 저장한다. 프로그램을 저장하는 방법은 다른 소프트웨어와 동일하다. 주 메뉴에 있는 File 탭에서 파일을 저장하거나 단축키 Ctrl+S를 활용하면 된다. 스타로고는 복원 기능이 없기 때문에 중간중간에 반드시 프로그램을 저장해야 한다.

6절 헤엄치는 물고기
Procedure와 실행 기능

◈ 생각해 보기

이제 물고기들이 살아 움직이는 것처럼 만들고자 한다. 물고기의 움직임을 명령하는 블록들을 하나의 묶음으로 지정해서 편리하게 활용하려면 어떻게 해야 할까? 또 명령어 블록들이 실제 스페이스랜드에서 실행되도록 하려면 어떻게 해야 할까? 여기서는 Procedure 블록과 여러 실행 블록을 활용하는 방법을 집중적으로 배운다.

◈ 해 보기

- Procedure 블록을 이용해 여러 명령어 블록을 하나의 블록 모둠으로 지정한다.
- forever 블록, run 블록, run once 블록 등 실행 블록의 기능을 이해하고, 실제로 활용한다.

핵심 블록

Turtles - Procedure

여러 명령어 블록을 하나의 모둠으로 묶어 주는 블록. 이렇게 모둠으로 묶어 두면, 복잡한 명령어들을 반복할 필요가 없어진다. 이 블록은 마음대로 이름을 바꿀 수 있다.

forever Turtles

run seconds Turtles

run once Turtles

캔버스 위의 명령어 블록들이 실제 실행되도록 해 주는 실행 블록들이다. 이 블록들을 캔버스에 놓으면 스페이스랜드 아래에 해당 버튼이 생성되며, 이 버튼을 클릭할 때마다 프로그램이 실행 또는 중지된다.

6-1. 시작상황 불러오기

여기서는 5절에서 만든 시작상황을 그대로 활용한다. 5절에서 저장해 놓은 'sea' 파일을 더블 클릭하거나 스타로고에서 단축키 Ctrl+O 버튼을 눌러 해당 파일을 불러온다.

6-2. 물고기 움직임 설정하기

물고기들이 이리저리 물속을 돌아다니도록 하려면 어떻게 할까? 여기서는 Procedure 블록을 이용해 물고기들의 움직임을 한 모둠으로 지정하는 방법을 배운다.

- 먼저 fish 캔버스로 간다. Procedure 블록은 어느 캔버스에 놓느냐에 따라 그 명령어를 수행하는 주체가 달라지기 때문에 반드시 캔버스를 확인해야 한다.
- Procedure 도구상자에서 Procedure 블록을 꺼낸다.

- Procedure 블록에서 'Procedure' 라고 쓰인 부분을 클릭하면, 이름을 바꿀 수 있다. 여기서는 물고기의 움직임을 지정할 예정이므로 'Movement' 로 바꾸어 준다.

블록 이름 바꾸기

Procedure 블록이나 나중에 등장하는 실행 블록들은 블록의 이름을 마음대로 바꿀 수 있다. 왜냐하면 하나의 프로그램 속에서 같은 블록이 여러 번 활용되는 경우도 있기 때문이다. 예를 들어, Procedure 블록을 여러 개 사용해야 할 경우에는 혼동할 수 있기 때문에 각각 이름을 다르게 해 줘야 서로 구분할 수 있다.

- 이제 'Movement' 라는 procedure를 구체적으로 설정할 차례다. 물고기가 바닷속에서 헤엄치는 것처럼 하려면 Movement 도구상자의 블록들을 이용해야 한다.
- Movement 도구상자에서 forward 블록, left 블록, right 블록을 꺼내 위 그림처럼 배치한다.

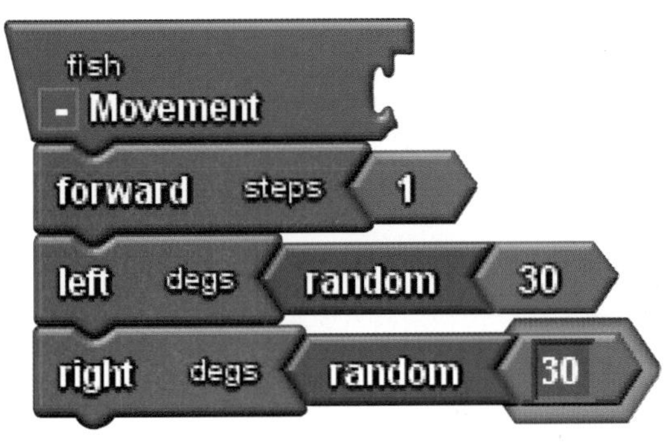

- 물고기가 여기저기 방향을 바꿔가면서 자연스럽게 움직이도록 하기 위해서는 random 블록이 필요하다. Math 도구상자에서 random 블록을 꺼내 왼쪽 그림처럼 배치한다.
- 그다음, random 블록 옆 숫자는 30으로 설정한다. 이렇게 하면 물고기가 1부터 30까지의 값 가운데 임의로 하나를 택해 방향을 조금씩 바꾸게 된다.

6-3. 물고기 움직임 실행하기

이제 앞에서 만든 'Movement' 라는 procedure를 실제로 실행시켜 본다.

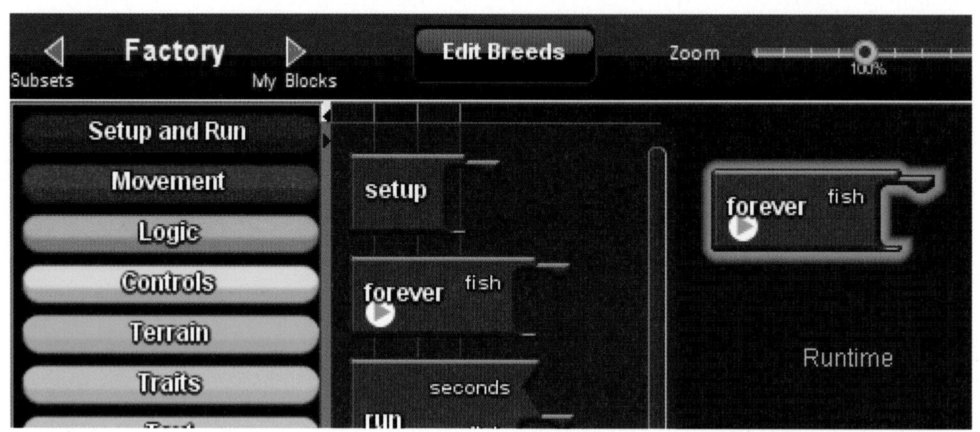

● 먼저 Runtime 캔버스로 이동한다. 그리고 Setup and Run 도구상자에서 forever 블록을 꺼낸다.

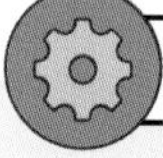

실행 블록이란?

제작된 명령어 블록들을 실제로 실행하려면 해당 블록을 더블클릭해도 된다. 그러나 이 방법은 지속적으로 명령을 수행하도록 할 수 없다. 때문에 따로 실행 블록들이 필요하다. 실행 블록에는 다음과 같이 세 가지가 있다.

forever 블록	특정 명령을 계속 반복하게 해 주는 블록
run 블록	특정 명령을 일정 시간 동안만 수행하게 해 주는 블록
run once 블록	특정 명령을 한 번만 수행하도록 하는 블록

이 블록들을 캔버스에 놓으면 스페이스랜드 아래에 해당 버튼이 생성된다. 이 버튼을 누르면 해당 명령을 실행하거나 중지하도록 할 수 있다.

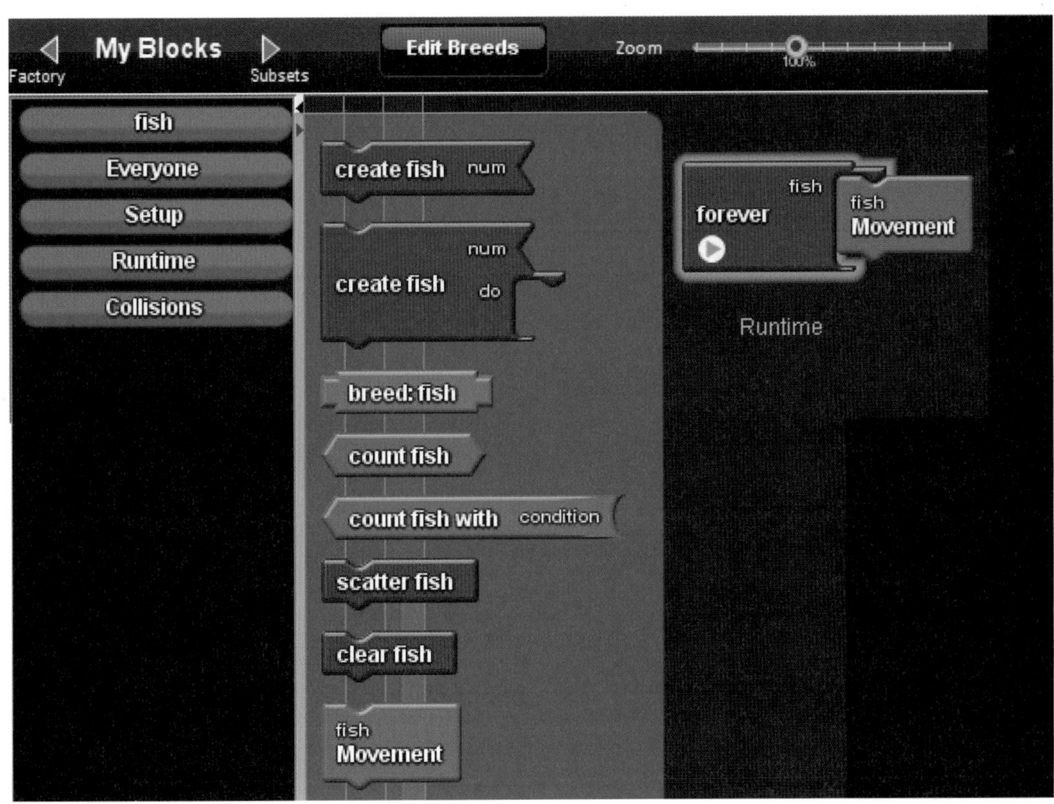

● 앞서 77페이지에서 'Movement' 라고 이름 붙인 Procedure 블록은 My Blocks 팔레트에서 불러올 수 있다. My Blocks 팔레트에 있는 fish 도구상자에서 'Movement' 라는 이름이 붙은 블록을 꺼낸다. 그리고 이 블록을 forever 블록에 위 그림처럼 연결한다.

Procedure 블록이 My Blocks 팔레트에 있는 이유는?

2장 3절 37페이지에서 설명했듯이 My Blocks 팔레트에는 각 개체군 고유의 블록들이 저장되어 있다. 만약 fish 캔버스에 Procedure 블록을 만들었다면, fish라는 개체군에게만 해당되는 고유의 Procedure가 생성된 것이다. 때문에 이와 관련된 블록이 My Blocks 팔레트에 있는 fish 도구상자에 똑같이 생성된다. 만약 이 Procedure를 불러와 활용하려면 반드시 My Blocks 팔레트에 있는 Procedure 블록을 불러와야 한다. 이것은 나중에 배우게 될 Variables 관련 블록도 마찬가지다.

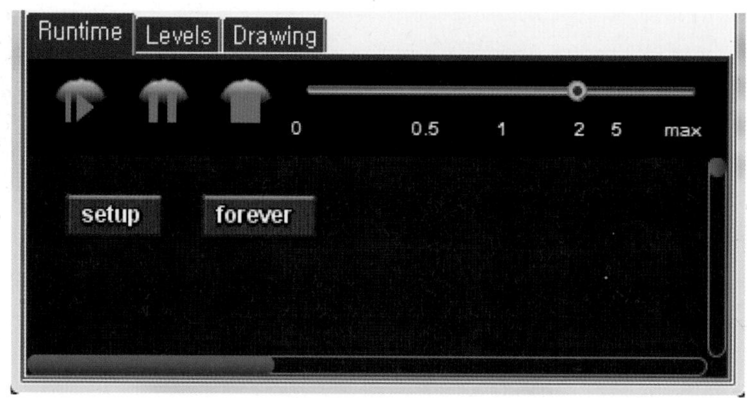

- forever 블록이 Runtime 캔버스 위에 놓이면, 스페이스랜드 아래에 위 그림처럼 forever 버튼이 생성된다. 이것은 다른 실행 블록들도 마찬가지다.
- 이제 forever 버튼을 클릭하면 물고기들이 바닷속에서 헤엄치는 모습을 볼 수 있다. 혹시 실행이 안 된다면 위 그림에 있는 실행(▶) · 일시정지(‖) · 정지(■) 버튼이 제대로 되어 있는지 확인해 본다.

런타임박스 버튼 활용하기

스페이스랜드 아래에 있는 런타임박스에는 실행(▶) · 일시정지(‖) · 정지(■) 버튼이 있다. 이 버튼은 forever 버튼과 별도로 기능하므로 클릭해 보면서 어떤 변화가 있는지 확인해 볼 필요가 있다. 또 그 오른쪽에 있는 재생속도 조절 바도 이리저리 조절해 보면서 어떤 변화가 있는지 확인해 보자.

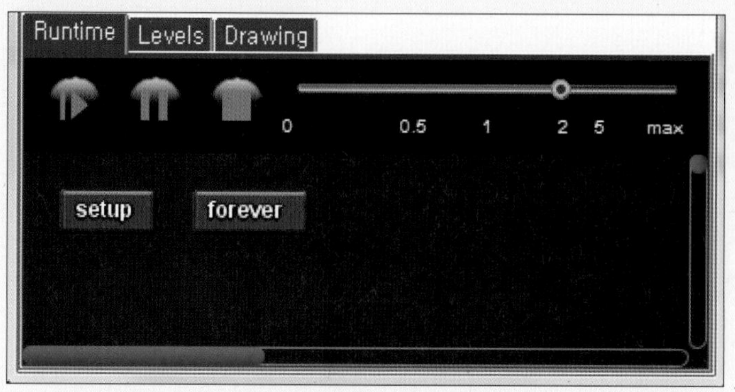

혼자 해 보기

완성된 프로그램에서 일부분을 이리저리 바꿔 보자. 해당 블록의 기능을 더 정확하게 이해할 수 있다. 예를 들어, 위에서 만든 'Movement' procedure에 있는 숫자값을 바꿔 보자. forward 블록 옆 숫자를 증가시키거나 left 블록과 right 블록 옆 숫자를 증가시켜 보자. 그 다음, setup 버튼을 눌러 프로그램을 초기화시킨 다음 forever 버튼을 눌러 프로그램을 실행해 보자. 또 forever 블록을 run 블록이나 run once 블록으로 바꿔 보자. 이런 식으로 기존의 프로그램을 수정해 보는 것도 스타로고와 친해지는 좋은 방법이다.

이제 블록들을 다루는 데 조금 익숙해졌나요?
지금까지 명령어 블록을 다루는 방법과 주요 블록들의 기능에 대해서 살펴보았습니다. 앞으로는 지금까지 배운 것들을 토대로 본격적인 프로그램 저작 활동을 할 것입니다.
먼저 간단한 게임부터 만들어 보면서 스타로고를 즐겨 봅시다.

혼자해 보기 한걸음

스페이스랜드의 기본 지형을 아래와 같이 편집해 보자.

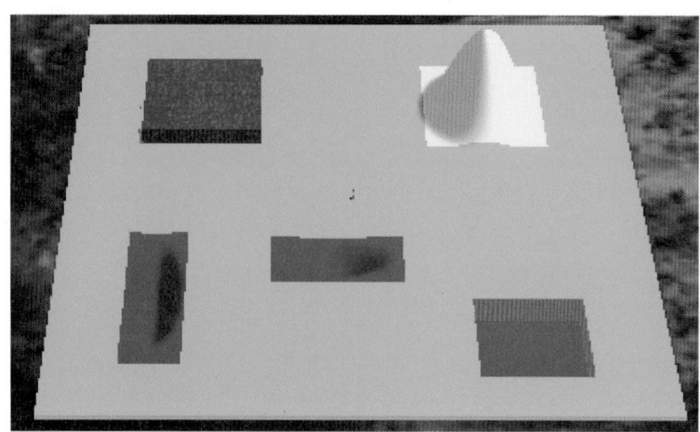

혼자해 보기 두걸음

스페이스랜드에 다음과 같이 꽃 그림을 그려 보자.

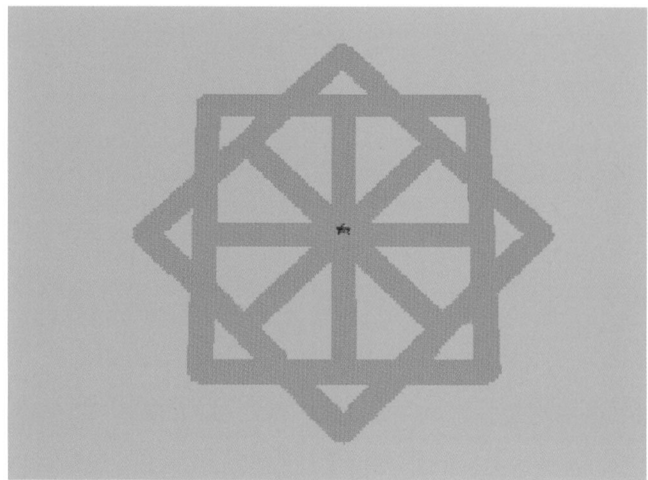

4장 토끼야 이리와

스타로고 저작 초급

드디어 본격적으로 스타로고 프로그램을 만들어 봅시다.
여기서는 간단한 게임을 저작하고자 합니다.
스타로고를 활용하면 재미있는 게임을 손쉽게 만들 수 있습니다.
키보드를 이용해 캐릭터를 조작할 수 있는 신나는 게임, 함께 만들어 볼까요?

생각해 보기

농장에 토끼들이 뛰놀고 있다. 토끼에게 당근을 던져 주면 토끼들은 무럭무럭 자란다. 이 상황을 게임으로 구현하려면 어떻게 할까? 이 프로그램을 통해 키보드로 캐릭터를 조작해 토끼들에게 먹이를 주는 상황을 가상의 게임으로 저작할 수 있다. 이 농장에는 토끼 열다섯 마리가 살고 있다. 게임 속 주인공 소녀는 농장을 돌아다니며 토끼를 향해 당근을 던지고, 이 당근을 먹은 토끼는 점점 자라서 몸집이 커지게 된다. 자, 이제 이 상황을 하나씩 만들어 보자.

해 보기

- setup 블록을 활용해 초기 조건으로 토끼 열다섯 마리와 나무 스무 그루를 임의의 위치에 생성한다.
- keyboard 블록을 활용해 주인공 캐릭터를 키보드로 조종할 수 있도록 만든다.
- hatch 블록을 이용해 소녀가 당근을 던질 수 있도록 한다.
- if 블록과 Collision 블록을 응용해 당근을 먹은 토끼의 크기가 커지도록 만든다.

☞ 돌아보기! 미리보기!

setup 블록에 대한 설명 3장 2절 51쪽!
hatch 블록에 대한 설명 96쪽!
Collision 블록에 대한 설명 99쪽!

핵심 블록

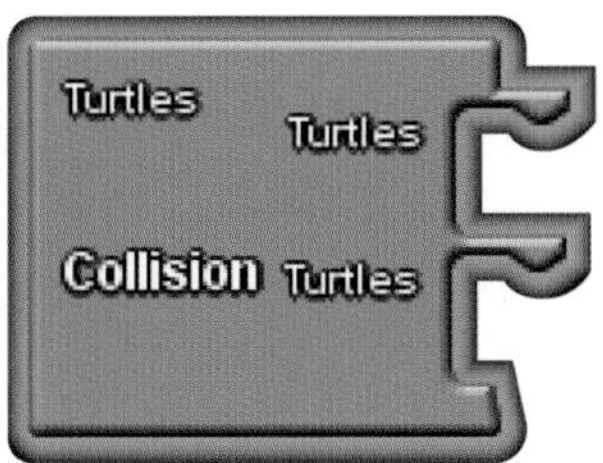

두 개체가 충돌했을 때 각 개체의 변화 상황을 지정하는 블록

조건문을 이용해 다양한 변화 상황을 설정할 수 있는 블록. 상단의 test의 실행조건이 참이면 then 이하의 명령을 수행한다.

개체가 자신과 동일한 새로운 개체를 생성하도록 하는 블록. 생성된 개체는 'do' 블록의 명령을 실행한다.

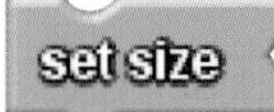

set altitude

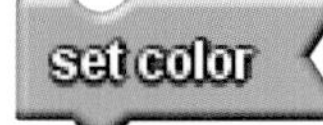

개체의 크기, 수직 높이, 색상, 위치 등 속성을 설정 · 변경해 주는 블록

color of ID

size of ID

개체의 색깔이나 크기를 불러내는 블록

1절 토끼와 친구들 만들기
Edit Breeds 활용

Edit Breeds를 이용해 게임에 등장하는 개체군을 바꿔 본다. 여기에는 토끼, 나무, 소녀, 당근 등 4가지 개체군이 등장한다.

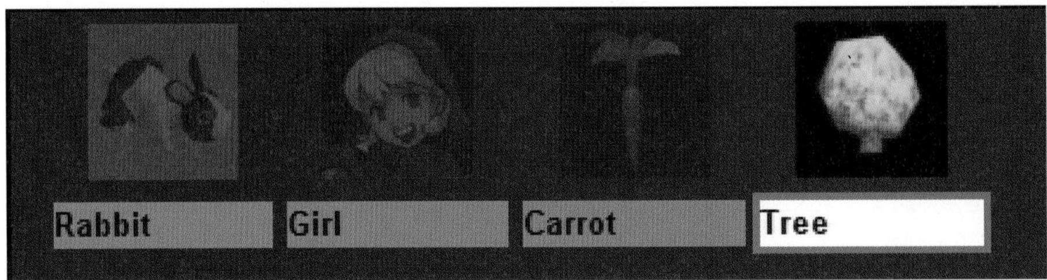

- 우선 기존에 있던 turtle 개체군을 토끼로 바꿔 준다. Edit Breeds를 클릭한 다음, 개체 이름을 'Rabbit' 으로 바꾼다. 그리고 animals 탭에서 토끼 모형을 선택한다.

- Edit Breeds 상단에 있는 New 버튼을 눌러 새로운 개체군을 추가한다. 이름은 'Girl' 로 입력해 주고, 모양은 people 탭에 있는 소녀 모형을 선택한다.

- 또 다른 개체군을 추가한다. 위와 마찬가지로 Edit Breeds 상단에 있는 New 버튼을 누른다. 이름은 'Carrot' 으로 입력해 주고, 모양은 objects 탭에 있는 당근 모형을 선택한다.

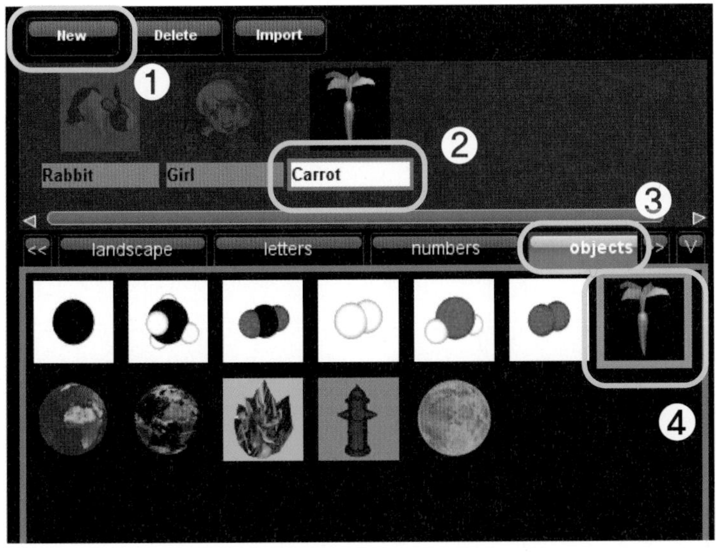

● 또 다른 개체군을 추가한다. 위와 마찬가지로 Edit Breeds 상단에 있는 New 버튼을 누른다. 이름은 'Tree' 로 입력해 주고, 모양은 landscape 탭에 있는 나무 모형을 선택한다.

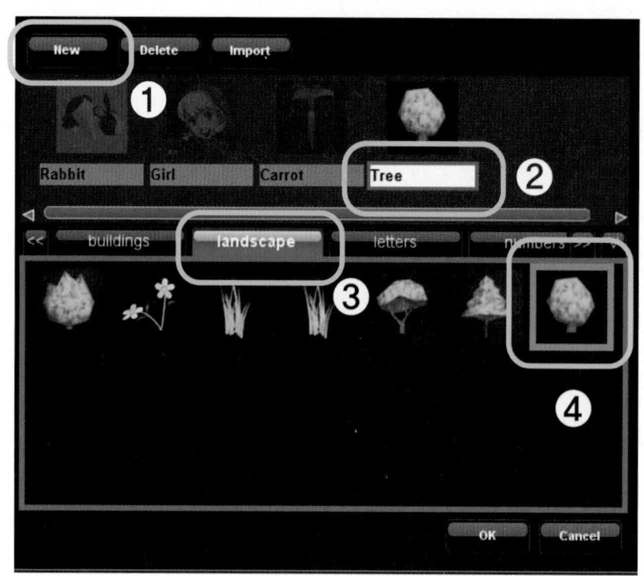

2절 농장 만들기

setup 설정

농장에 15마리의 토끼와 20그루의 나무가 임의의 위치에 생성되도록 하려면 어떻게 해야 할까? 또 주인공 소녀는 항상 특정한 위치에만 생성되도록 하려면 어떻게 해야 할까? setup 블록, create 블록 등을 이용해서 시작상황을 저작해 본다.

2-1. 토끼 만들기

여기서는 setup 버튼을 눌러 가상세계의 모든 것을 초기화하고 15마리의 작은 흰색 토끼가 생성되도록 한다.

- 우선 Setup 캔버스로 이동한다. Setup and Run 도구상자에서 setup 블록과 clear everyone 블록을 꺼내 아래와 같이 놓는다.

- My Blocks 팔레트에 있는 Rabbit 도구상자에서 create Rabbit do 블록을 꺼내어 아래와 같이 배치한다. 그리고 create Rabbit 블록 오른쪽 상단 num 옆에 15라는 숫자를 입력한다.

create 블록은 My Blocks 팔레트에 있는 특정 개체군 도구상자에 위치하고 있으며, 해당 개체군을 생성하도록 명령하는 블록이다. 여기에는 일반 create 블록과 create do 블록이 있다. 일반 create 블록은 생성될 개체의 숫자만 지정할 수 있는 블록이고, create do 블록은 생성한 다음 다양한 상태 · 속성값을 지정해 줄 수 있는 블록이다.

● Traits 도구상자에서 set size 블록과 model skin off 블록, set color 블록을 꺼내 아래 그림처럼 배치한다. set size 블록 옆에는 숫자 2를 입력하고, set color 블록 옆에는 'white' 를 입력해 토끼의 크기와 색깔을 설정해 준다.

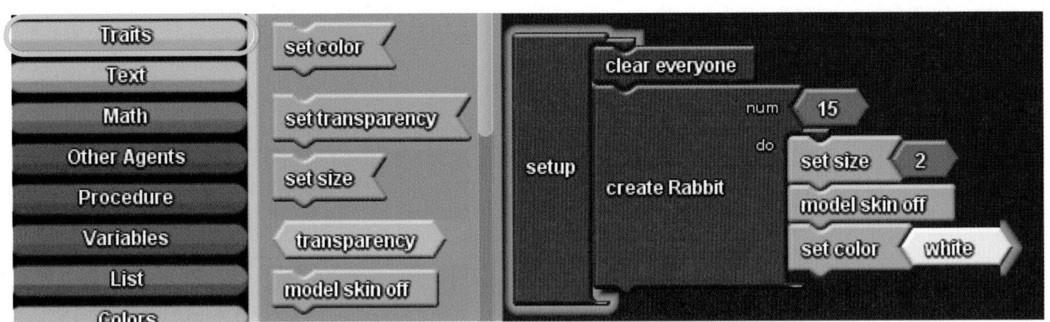

스타로고가 제공하는 기본 개체 모형의 색깔을 제거해 주는 명령어다. 스타로고가 제공하는 일부 개체들은 고유의 색깔을 가지고 있다. 예를 들면, 슈퍼마리오나 심슨 같은 만화, 게임 캐릭터들은 원작의 모양과 색깔을 그대로 가지고 있는 것이다. 이 고유의 색깔을 변형시키려면 또 다른 명령어가 필요한데, 이것이 바로 model skin off다. setup 조건을 설정할 때 이 명령어를 넣어 주면 자유롭게 개체 모형의 색깔을 바꿀 수 있다. 이 명령의 반대되는 명령어는 model skin on이다.

2-2. 나무 만들기

여기서는 setup 버튼을 눌러 20그루의 작은 나무가 임의의 위치에 생성되도록 한다.

● 이제 나무를 만들 차례다. My Blocks 팔레트에 있는 Tree 도구상자에서 create Tree do 블록을 꺼낸다. num 연결고리에 숫자 20을 입력하고, do 연결고리에는 set size 블록을 다음 그림처럼 3.5 크기로 배치한다.

● 나무와 토끼가 모두 흩어지도록 하기 위해서 scatter everyone 블록을 꺼내 다음 그림처럼 배치한다. 이 블록은 Setup and Run 도구상자에 있다.

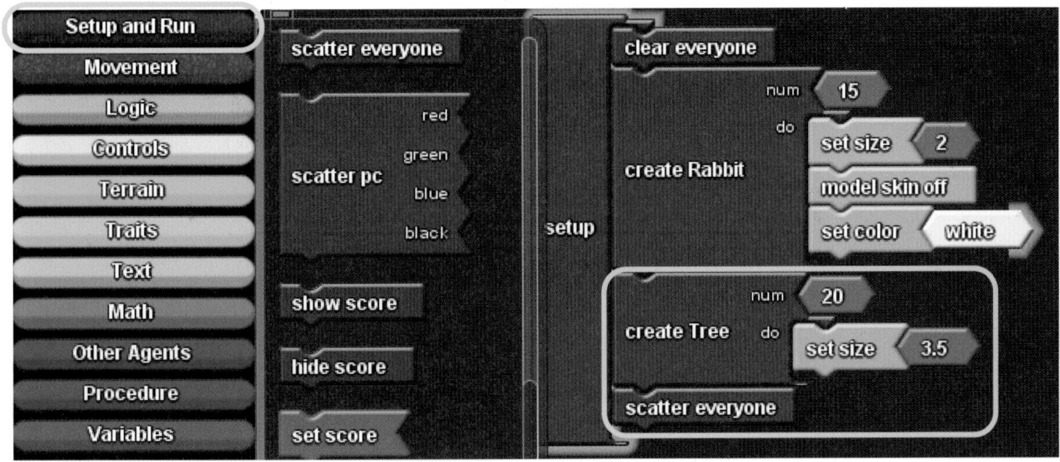

2-3. 주인공 소녀 만들기

여기서는 setup 버튼을 눌러 정해진 위치에 주인공 소녀가 생성되고, 카메라 시점이 주인공 소녀의 시점으로 바뀌도록 한다.

- 주인공 소녀를 만들어 본다. My Blocks 팔레트에 있는 Girl 도구상자에서 create Girl do 블록을 꺼낸다. num 연결고리에 숫자 1을 입력하고, do 연결고리에는 set size, set xy 블록을 아래 그림처럼 배치한다. 그리고 숫자도 다음 쪽 그림처럼 입력해 준다.

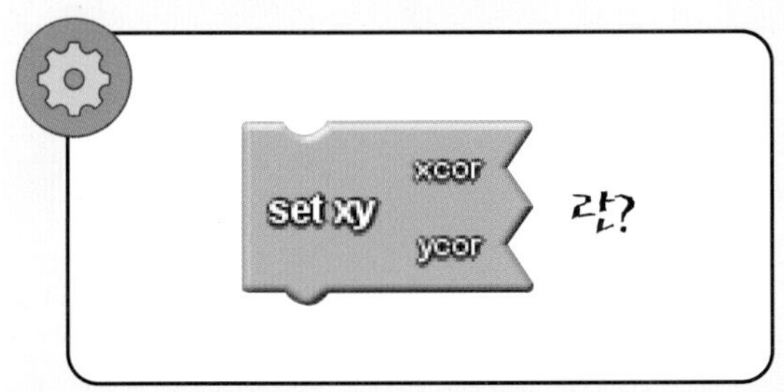

특정 개체의 위치를 지정해 주는 블록이다. 스페이스랜드의 가로축과 세로축이 x축, y축이 된다. x, y축의 최대 수치는 50, 최소 수치는 −50으로, 스페이스랜드의 Edit Terrain 버튼을 클릭 후 커서를 스페이스랜드에 위치시키면 수치를 확인할 수 있다.

- 마지막으로 주인공 소녀를 게임 속 주인공으로 만들기 위해 카메라 시점을 설정해 본다. Controls 도구상자에서 set agent camera 블록과 over shoulder 블록을 꺼내 아래 그림처럼 배치한다. 또 set agent camera 블록 옆에 Traits 도구상자에 있는 ID 블록을 배치해 준다.
- 이렇게 하면 스페이스랜드 하단 setup 버튼을 누를 때마다 카메라 시점이 주인공 소녀의 시점으로 고정된다.

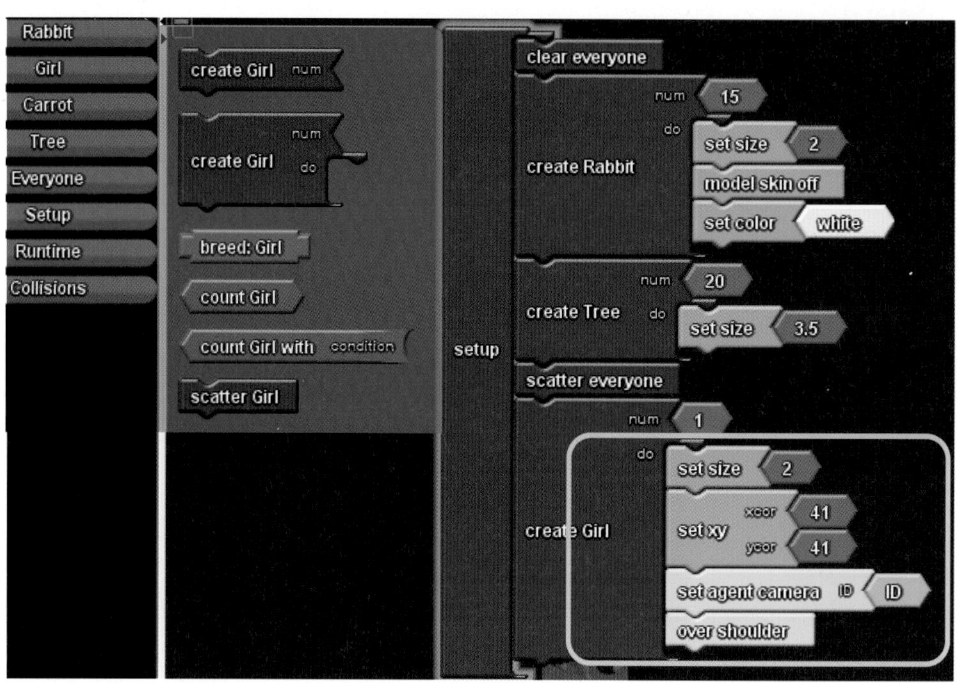

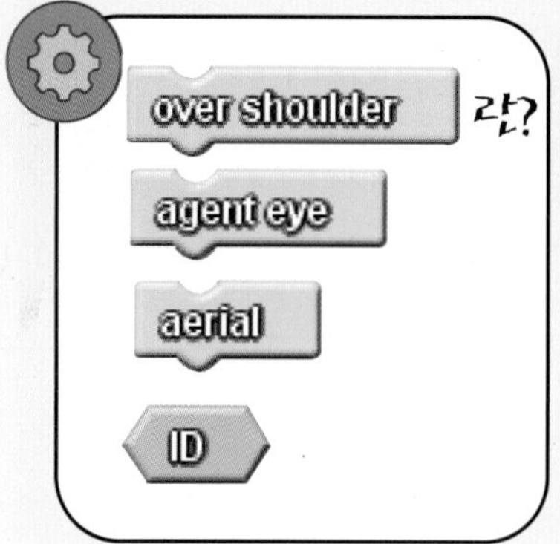

스페이스랜드 카메라 시점에는 세 가지 모드가 있다. 그 가운데 Agent View 혹은 Agent Eye 모드를 선택하면 카메라 시점이 특정 개체군의 관점으로 변경된다. 이때 set agent camera 블록을 사용하면, agent view 혹은 agent eye 모드를 선택했을 때 항상 특정 개체군의 관점이 선택되도록 설정할 수 있다.

Controls 도구상자에 위치하고 있는 이 세 가지 블록은 처음 시작하는 카메라 시점을 설정해 줄 수 있다. over shoulder 블록은 agent view 모드, agent eye 블록은 agent eye 모드, aerial 블록은 aerial 모드를 선택한다.

Traits 블록에 있는 ID 블록은 개체 자기 자신을 지칭하고 싶을 때 사용하는 유용한 블록이다. 4장에서 ID 블록이 여러 번 사용되기 때문에 그 활용법을 잘 익혀 두어야 한다.

3절 토끼와 당근 움직임 저작하기
Procedure 블록 활용

토끼는 농장을 정신없이 뛰어다니고 있고, 소녀가 던지는 당근은 토끼보다 조금 더 빠르게 날아다닌다. 이 상황을 어떻게 만들 수 있을까? Procedure 블록을 이용해 토끼와 당근의 움직임을 저작해 보자.

3-1. 토끼 움직임 저작하기

여기서는 Procedure 블록을 이용해 토끼가 약간 빠른 속도로 방향을 이리저리 바꿔 가며 돌아다니도록 하는 움직임을 설정한다.

- Rabbit 캔버스로 간다.
- Procedure 도구상자에서 Procedure 블록을 꺼내 이 이름을 'Run' 으로 바꾼다. 이름을 바꾸려면 'Procedure' 라는 글자 부분을 마우스 왼쪽 버튼으로 클릭한 뒤 원하는 이름을 입력하면 된다.
- Movement 도구상자에서 forward 블록, right 블록, left 블록을 꺼내고, Math 도구상자에서 random 블록을 꺼내 왼쪽 그림과 같이 배치한다. 또 블록 우측 끝 부분에 숫자를 입력해 왼쪽 그림처럼 만들어 준다.
- 왼쪽 그림과 같이 블록을 배치하면 토끼들은 주인공 소녀보다는 더 빠른 속도로 이리저리 방향을 바꿔 가며 돌아다니게 된다.

숫자 블록과 함께 사용되어 임의로 어떤 숫자를 택하도록 하는 블록이다. 예를 들어, random 블록 우측에 숫자 10을 결합시키면, 1부터 10까지 숫자 가운데 임의로 숫자 하나를 선택하게 된다. 이 random 블록은 개체의 움직임을 자유롭게 지정하거나, 확률적으로 어떤 사건이 일어나도록 할 때 매우 유용하다.

3-2. 당근 움직임 저작하기

이제 주인공 소녀가 던진 당근이 움직이도록 설정해 준다.

- Carrot 캔버스로 간다.
- Procedure 도구상자에서 Procedure 블록을 꺼내 이름을 'projectile'로 바꾼다.
- Movement 도구상자에서 forward 블록, right 블록, left 블록을 꺼내고, Math 도구상자에서 random 블록을 꺼내 왼쪽과 같이 배치한다. 또한 블록 우측 끝부분 숫자를 왼쪽 그림처럼 입력한다.
- 이렇게 하면 당근은 토끼보다 더 빠른 속도로 조금씩 방향을 전환해 가며 스페이스랜드를 돌아다니게 된다.

4절 당근 주는 소녀
hatch 블록과 keyboard 블록 활용

주인공 소녀의 움직임을 키보드의 방향키로 직접 조종하려면 어떻게 해야 할까? 또 키보드 A키로 당근을 주도록 하려면 어떻게 해야 할까? hatch 블록과 Controls 도구상자에 있는 keyboard 블록들을 이용해 주인공 소녀의 움직임을 설정해 보도록 한다.

4-1. 당근 발사(launch) Procedure 만들기

여기서는 hatch 블록을 이용해 소녀가 다양한 색깔의 당근을 발사하도록 한다.

- Girl 캔버스로 간다. Procedure 블록을 꺼내 이름을 'launch' 로 바꾼다.

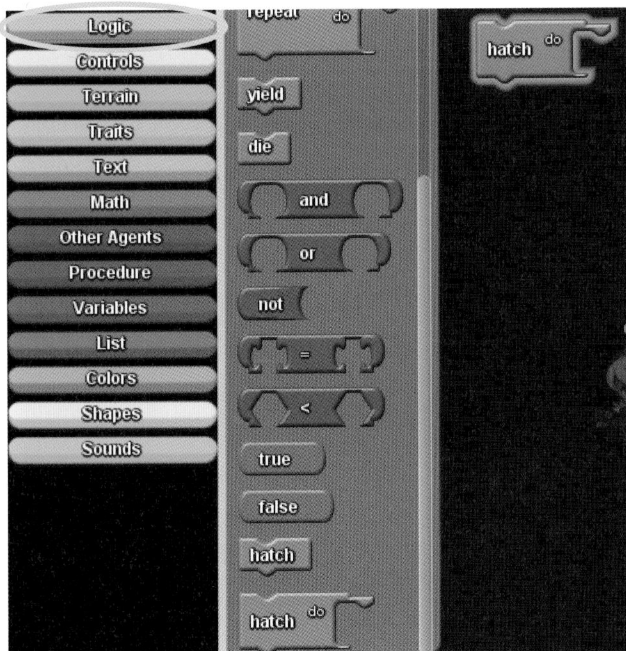

- Logic 도구상자에서 hatch do 블록을 꺼낸다.

hatch 블록은 어떤 대상을 즉각적으로 생성시키라는 명령어다. 이 블록을 활용하면 동물이 새끼를 낳거나 주인공이 페인트 볼을 던지는 등의 상황을 설계할 수 있다. 특히 hatch do 블록은 어떤 대상을 생성시킨 다음, 그 대상에 또 다른 명령을 내릴 수 있게 해 주기 때문에 더욱 다양하게 활용된다.

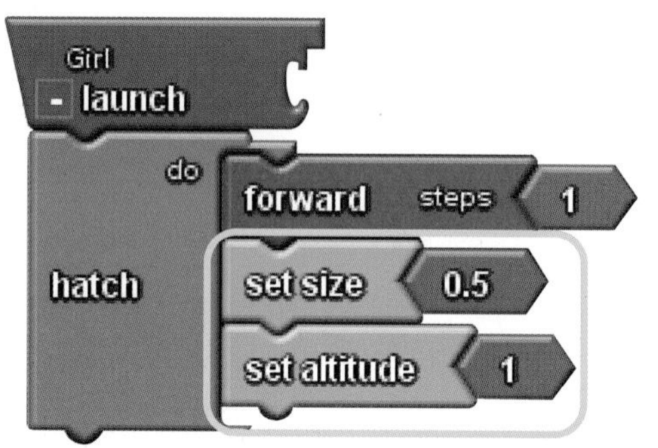

- forward 블록을 꺼내 놓은 뒤 steps에 1을 입력한다.
- Traits 도구상자에서 set size 블록과 set altitude 블록을 꺼내 놓은 뒤 왼쪽 그림처럼 숫자를 입력해 준다. 이렇게 하면 소녀가 던지는 당근의 크기와 수직 높이를 설정해 줄 수 있다.

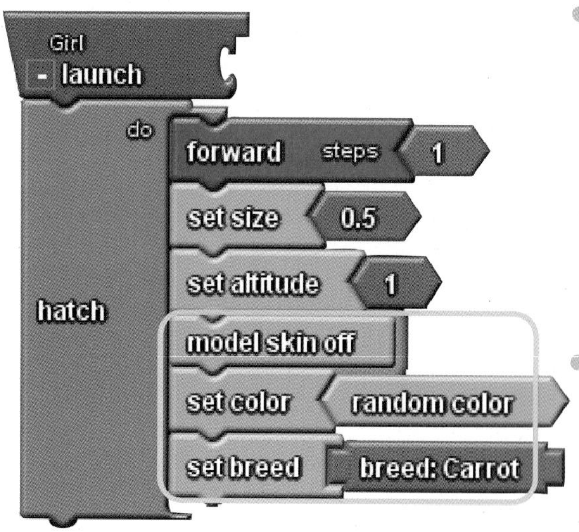

- Traits 도구상자에서 model skin off 블록과 set color 블록도 꺼내 놓는다. 또 Colors 도구상자에서 random color 블록을 꺼내 set color 블록 옆에 놓는다. 이렇게 하면 당근이 본래 색깔을 갖는 게 아니라, 다양한 색깔을 갖게 된다.
- 마지막으로 Traits 도구상자에서 set breed 블록을 꺼낸다. 그리고 My Blocks 팔레트에 있는 Carrot 도구상자에서 breed: Carrot 블록을 꺼내 그 옆에 놓는다.

set breed 블록은 대상의 개체군을 설정해 주는 블록이다. size, altitude 등 스타로고상에 등장하는 대부분의 속성은 set 명령어를 이용해 바꾸거나 설정해 줄 수 있다.

4-2. 주인공 소녀 움직임 저작하기

여기서는 keyboard 블록과 if 블록을 활용해 주인공 소녀를 키보드로 조종할 수 있도록 만든다. 소녀는 키보드 방향키로 움직이고, A키로 당근을 던진다.

- Girl 캔버스로 간다. Procedure 블록을 꺼내 이름을 'move' 로 바꾼다.

- Logic 도구상자에서 if 블록을 꺼낸다. 그리고 Controls 도구상자에서 keyboard up arrow 블록을 꺼내 아래 그림처럼 배치한다.
- 이제 Movement 도구상자에서 forward 블록을 꺼내 아래 그림처럼 배치한다. steps에는 2를 입력해 준다. 이렇게 하면 키보드 ↑ 키를 누를 때마다 주인공 소녀가 앞으로 이동하게 된다.

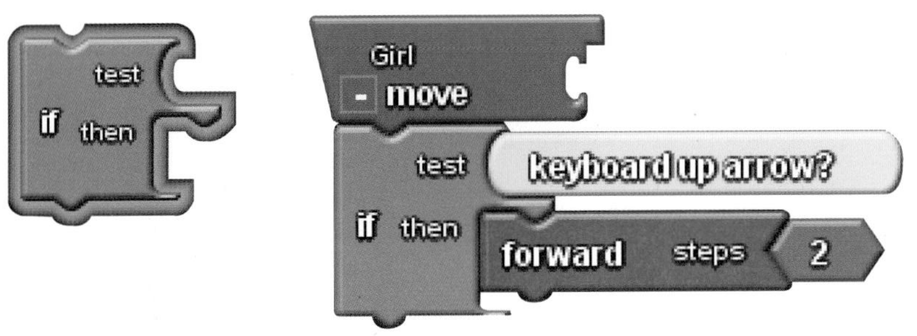

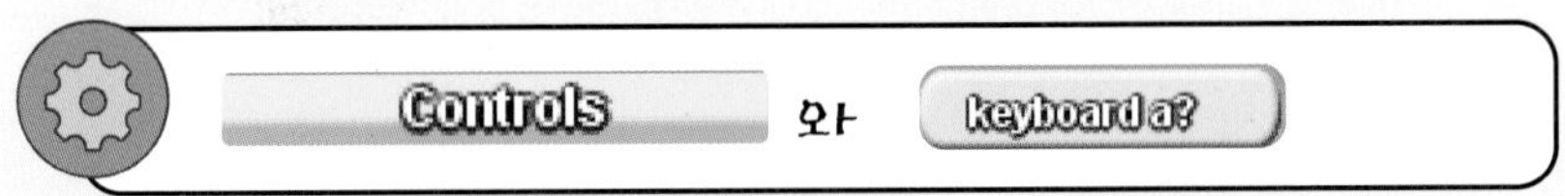

Controls 도구상자에는 개체를 직접 조종하거나 카메라 시점을 바꿔 주는 블록들이 모여 있다. 특히 keyboard 블록은 특정 키보드 키를 이용해 개체에 직접 명령을 입력할 수 있다. 예를 들어, keyboard up arrow 블록이나 keyboard a 블록을 사용하면 키보드의 ↑, A 키를 눌러 개체에게 명령을 내릴 수 있다.

- if 블록 네 개를 꺼내 왼쪽 그림처럼 배치한다. 또 keyboard down arrow? 블록, keyboard left arrow? 블록, keyboard right arrow? 블록, keyboard a? 블록을 꺼내 차례대로 왼쪽 그림처럼 배치한다.
- Movement 도구상자에서 back 블록, left 블록, right 블록을 꺼내 왼쪽 그림처럼 배치하고, 옆에 숫자도 똑같이 입력해 준다.
- My Blocks 팔레트에 있는 Girl 도구상자에서 launch 블록을 꺼내 마지막 if 블록에 놓는다. 이 블록은 방금 95쪽에서 만들었던 Procedure 블록이다. 이렇게 하면 방향키로 주인공 소녀를 움직이고, A키로 당근을 발사할 수 있다.

5절 토끼, 당근을 먹다

Collisions 블록 활용

당근을 먹은 토끼가 색깔이 바뀌면서 점점 몸집이 커지도록 하려면 어떻게 할까? 또 토끼와 부딪힌 당근을 사라지도록 하려면 어떻게 할까? 여기서는 Collision 블록을 이용해 이 상황을 만들어 본다.

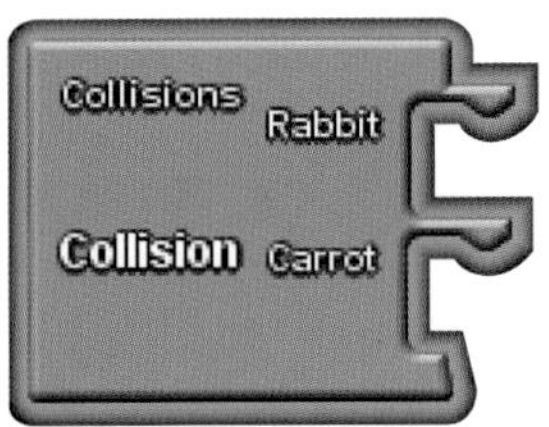

- Collisions 캔버스에 간다. My Blocks 팔레트에 있는 Collisions 도구상자에서 Collision 블록을 꺼낸다. 여기서는 토끼와 당근이 부딪히는 상황이므로, Collision 블록 우측에 'Rabbit' 과 'Carrot' 이라고 적혀 있는 블록을 꺼내야 한다.

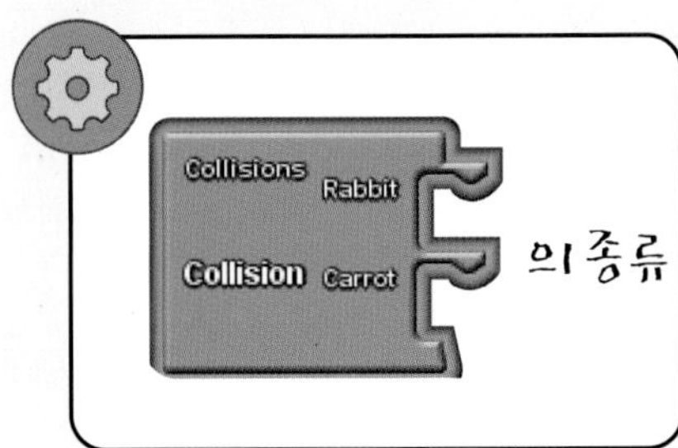

Collision 블록을 이용하면 두 개체가 충돌했을 때의 상황을 지정할 수 있다. 특히 개체군이 두 종류 이상일 경우 각 개체군별 충돌 상황을 각각 따로 명령할 수 있다. 예를 들어, 개체군에 'Rabbit' 과 'Carrot' 이 있으면, 'Rabbit' – 'Rabbit' 'Rabbit' – 'Carrot' 'Carrot' – 'Carrot' 세 종류의 Collision 블록이 My Blocks 팔레트에 생성된다. 때문에 각각 용도에 맞는 블록을 선택하는 것이 중요하다.

- Traits 도구상자에서 set color 블록을 꺼낸다. 그다음 Other Agents 도구상자에서 color of 블록과 collidee 블록을 꺼내 아래 그림처럼 배치한다. 이렇게 하면 토끼의 색깔이 자신과 충돌한 당근의 색깔로 변하게 된다.

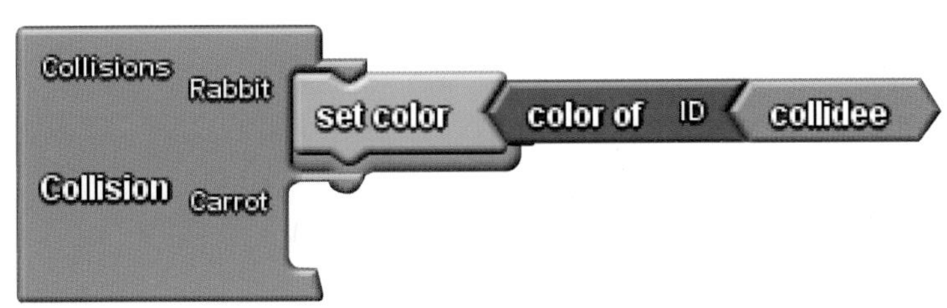

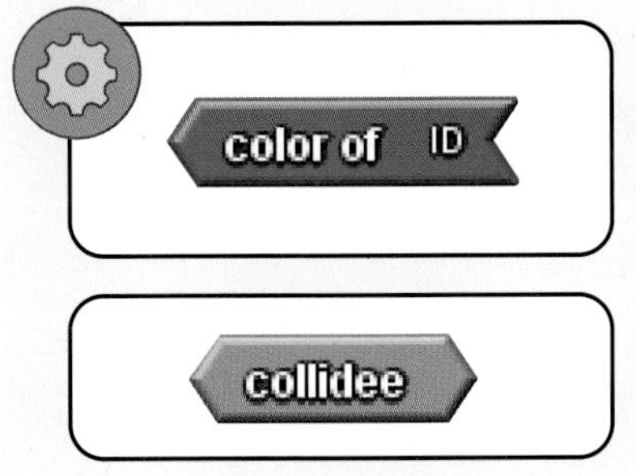

Other Agents 도구상자에는 특정한 개체의 색상, 크기와 같은 속성을 불러낼 수 있는 블록들이 있다. 예를 들어, color of 블록 뒤에 특정 개체의 ID 번호를 입력하면, 그 개체가 가진 색상을 불러올 수 있다.

collidee 블록은 자신과 충돌한 상대방을 불러내는 블록이다.

- Traits 도구상자에서 set size 블록을 꺼낸다. 이번에는 Math 도구상자에서 더하기(+) 블록을 꺼내 그 옆에 놓는다. 그리고 Other Agents 도구상자에서 size of 블록, Traits 도구상자에서 ID 블록을 꺼내 아래 그림처럼 배치한다.
- 이제 더하기(+) 블록 우측 빈칸에 0.5를 입력한다. 이렇게 하면 당근과 충돌한 토끼는 자신의 현재 크기보다 0.5만큼 더 커지게 된다.

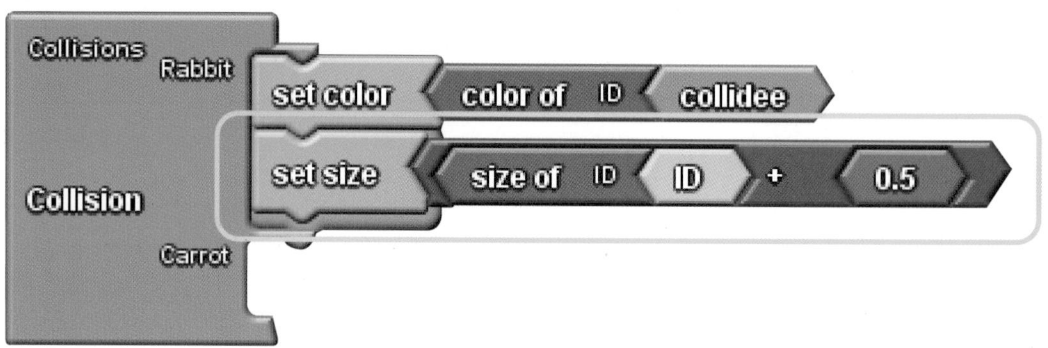

- 마지막으로 Logic 도구상자에서 die 블록을 꺼내 Collision 블록 우측 하단에 배치한다. 이렇게 하면 토끼와 충돌한 당근은 곧바로 사라지게 된다.

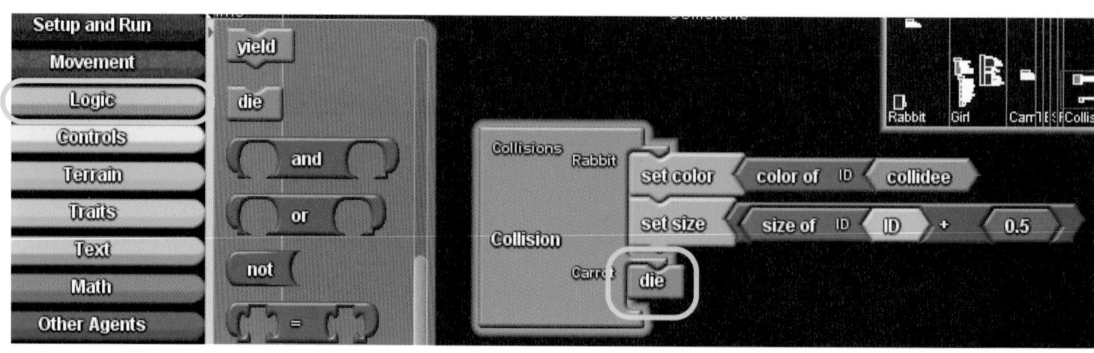

6절 게임 실행하기

forever 블록 활용

지금까지 만든 모든 procedure를 실행하려면 어떻게 할까? 또 게임이 실제로 진행되면 어떤 일들이 벌어지게 될까? 여기서는 forever 블록에 지금까지 만든 모든 procedure를 결합시켜 게임이 실제로 진행되도록 한다.

- Runtime 캔버스로 간다. Setup and Run 도구상자에서 forever 블록을 꺼낸다.

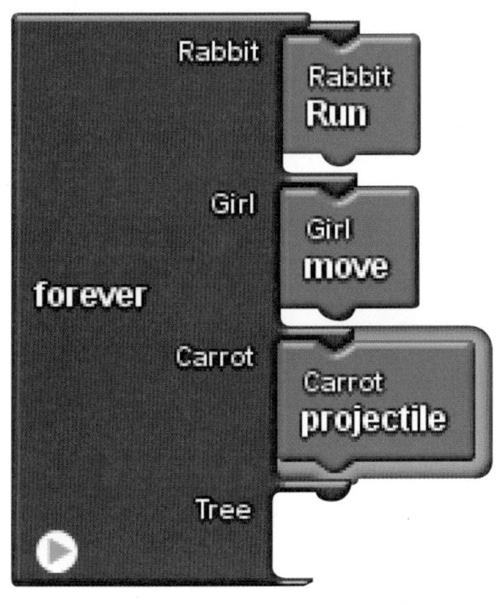

- 이제 My Blocks 팔레트에서 지금까지 만든 procedure를 모두 불러온다. 왼쪽 그림에 나와 있는 Run 블록, move 블록, projectile 블록은 모두 My Blocks 팔레트에 있는 해당 개체군 도구상자에 있다. 즉, Rabbit, Girl, Carrot 도구상자에 있는 것이다. 이 블록들을 꺼내 왼쪽 그림처럼 배치한다.
- 이제 스페이스랜드 하단에 생성된 forever 블록을 클릭해 본다. 그다음 키보드 방향키와 A키를 이용하면 주인공 소녀를 조종할 수 있다.

농장에 당근을 던지면서 당근에 맞은 토끼가 어떻게 변하는지 관찰해 본다.

- 게임을 계속 진행하다 보면 한 번 당근을 먹은 토끼가 계속 점점 몸집이 거대해지는 현상을 발견하게 된다. 아마도 몸집이 커질수록 당근과 부딪힐 확률이 그만큼 높아지기 때문일 것이다. 이처럼 프로그램을 저작하고 스페이스랜드를 관찰하다 보면 의도하지 않았던 현상이 발생하는 경우가 있다.

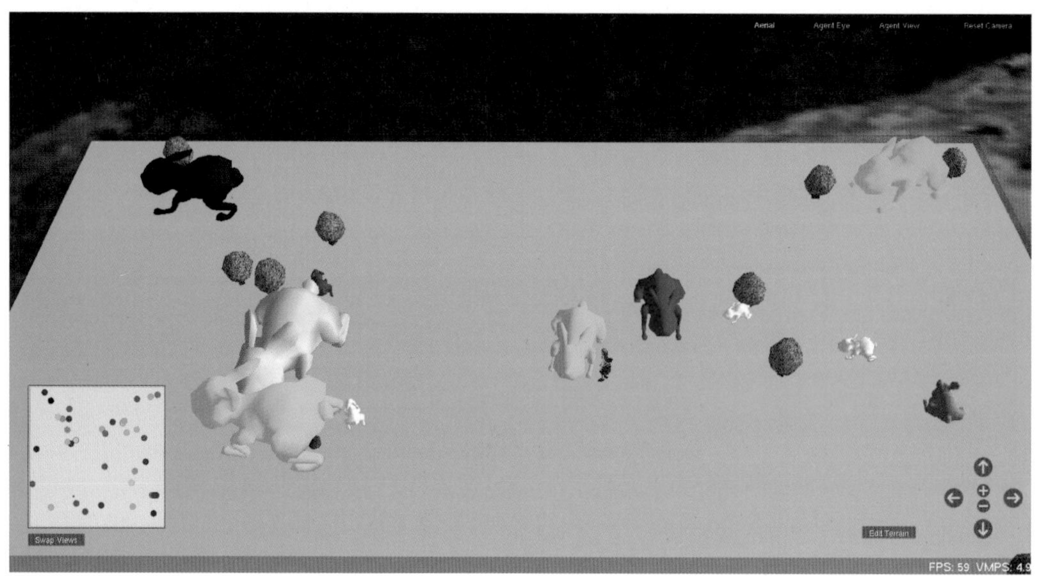

토끼의 크기가 일정 크기 이상으로는 커지지 않도록 하려면?

현재 상태로 게임을 실행해 보면 토끼의 크기가 너무 거대하게 자라게 된다. 이를 방지하기 위해서는 100쪽에서 만든 Collision 블록에 if 블록을 추가해 주기만 하면 된다.

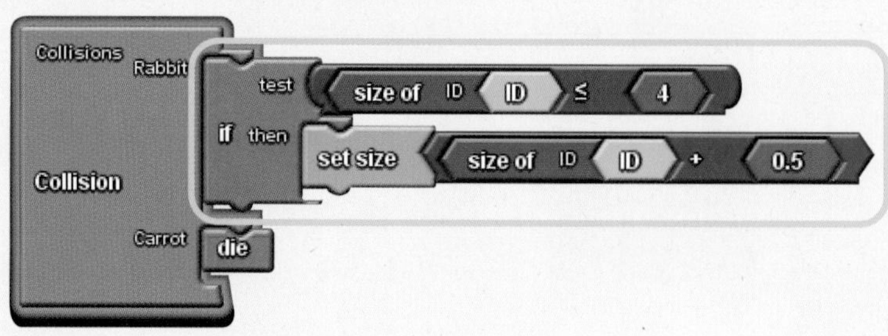

위 그림과 같이 블록을 조합하게 되면 토끼의 크기가 4 이하인 경우에만 당근과 충돌했을 때 크기가 커지도록 만들 수 있다. 따라서 토끼는 최대 4까지만 크기가 커지게 된다.

농장을 뛰어다니는 토끼들에게 당근은 많이 던져 주었나요?
4장에서는 누구나 손쉽게 즐길 수 있는 간단한 게임을 만들어 보았습니다.
사실 실제 게임제작자들도 이런 방식으로 게임을 만듭니다. 미리 시나리오를
구상하고 이를 게임 저작도구를 이용해 실제로 구현하는 것이지요.
이제 조금 더 복잡한 프로그램을 만들어 봅시다.
5장에서는 어떤 자연현상을 가상 모의실험으로 저작해 볼 예정
입니다. 스타로고로 만드는 흥미로운 가상세계로 떠나 봅시다.

혼자해 보기 한걸음

다음 두 그림을 통해 얻은 결과의 차이점에 대해 서술해 보시오.

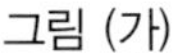

그림 (가)

그림 (나)

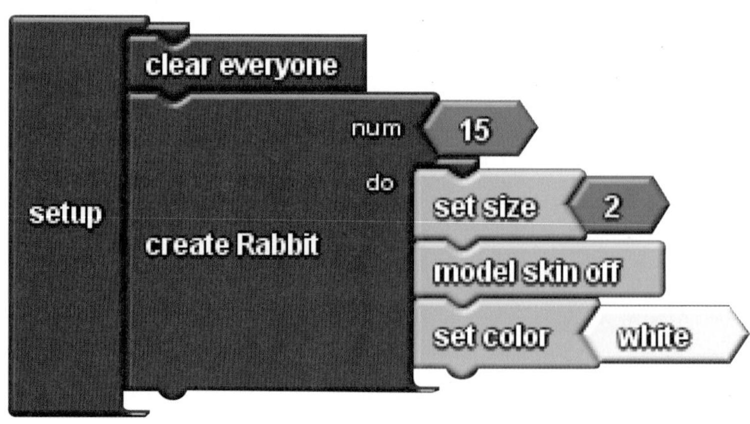

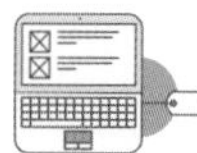

혼자해 보기 두 걸음

아래 그림은 이번 장에서 배운 내용을 응용하여 만든 'Build a paintball game'이란 프로그램의 시뮬레이션과 저작 절차를 보여 주고 있다. 다음 저작 절차 중에서 마지막 Collisions 단계(⑦)가 생략될 경우 어떠한 결과가 벌어질지 예측해 보자.

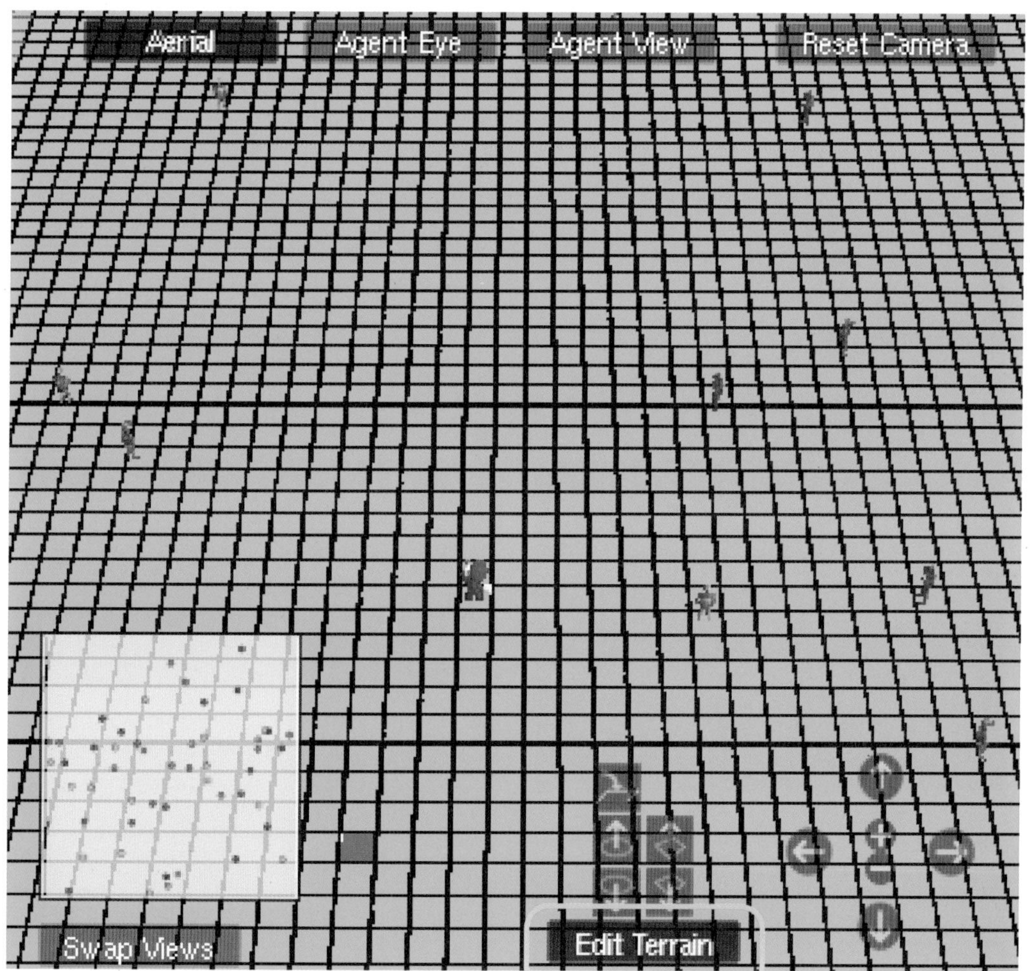

❶

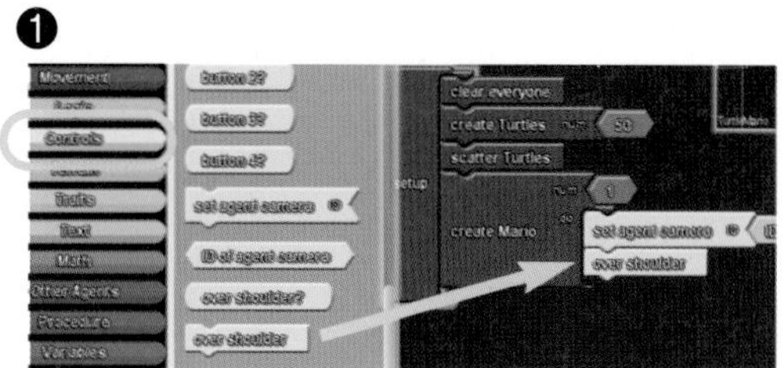

❷

Mario
- Move
test
keyboard up arrow?
if then
forward steps 1
test
keyboard down arrow?
if then
back steps 1
test
keyboard left arrow?
if then
left degs 15
test
keyboard right arrow?
if then
right degs 15

❸

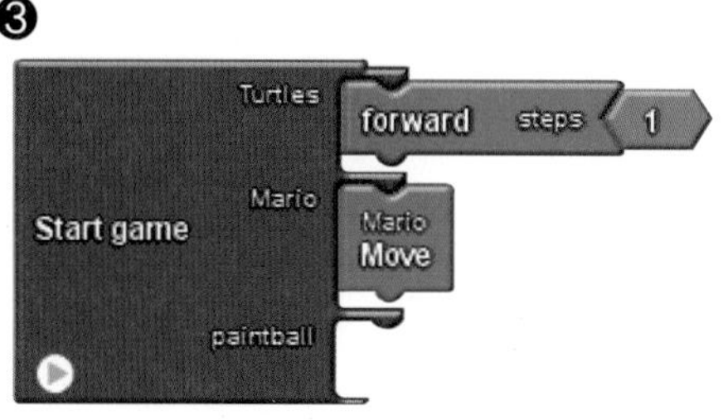
Turtles
forward steps 1
Mario
Start game
Mario
Move
paintball

❹

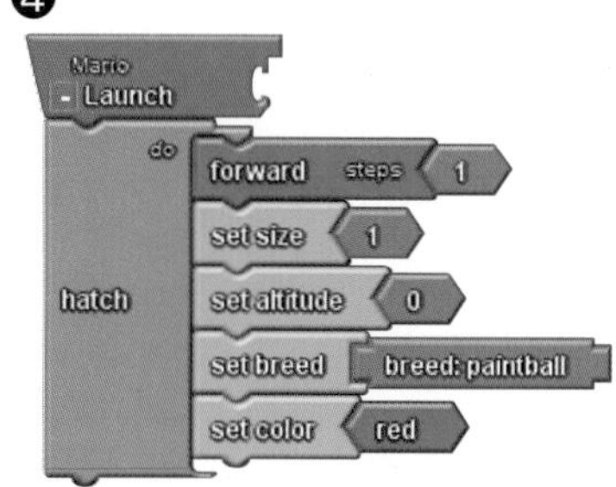
Mario
- Launch
do
forward steps 1
set size 1
hatch
set altitude 0
set breed breed: paintball
set color red

❺

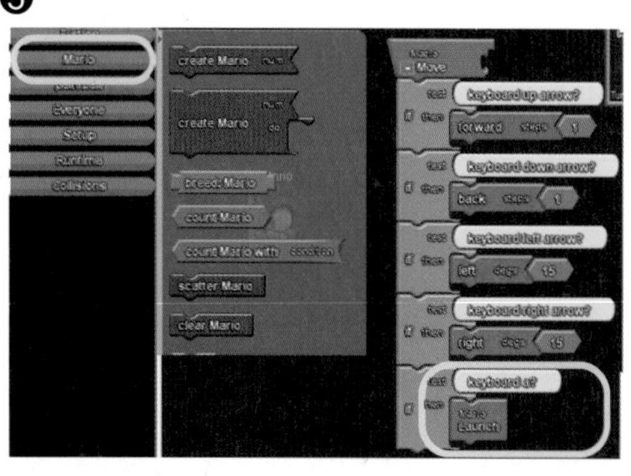

❻

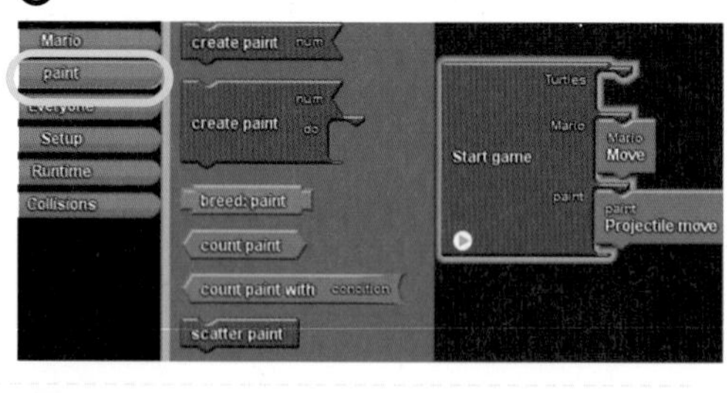
Mario
paint
Setup
Runtime
Collisions
create paint
create paint
breed: paint
count paint
count paint with condition
scatter paint
Turtles
Mario
Start game
Mario
Move
paint
Projectile move

❼

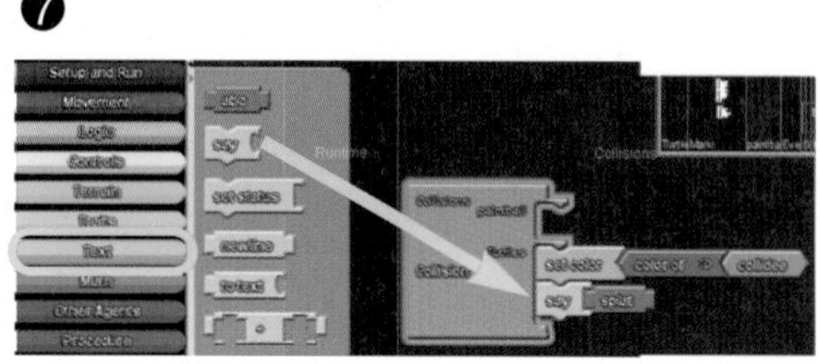

❽

Aerial
Agent Eye
Agent View
Reset Camera
Swap Views
Edit Terrain

5장 독감이 무서워

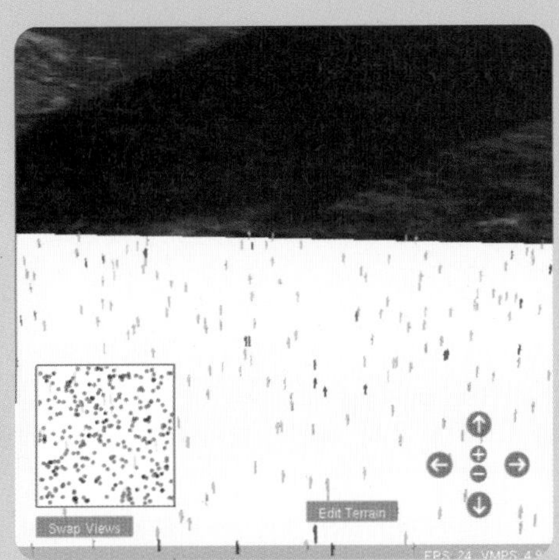

스타로고 저작 중급

스타로고 프로그램 저작, 차근차근 따라 하니 흥미롭고 해 볼 만하지요?
여기서는 스타로고를 이용해 간단한 모의실험을 저작하고자 합니다.
지금까지 배운 블록들을 응용하면,
복잡한 현상을 손쉽게 가상세계 속에서 표현할 수 있습니다.
함께 따라해 봅시다.

◈ 생각해 보기

어떤 도시에 독감이 빠르게 퍼지고 있다. 당신이 보건당국의 담당자라면 어떻게 할까? 이 독감이 얼마나 빠른 속도로 퍼질 것인지 예측할 수 있다면, 여기에 맞게 대처할 수 있지 않을까? 이 프로그램은 어느 도시에 독감이 퍼지고 있는 상황을 가상으로 모의실험해 본 것이다. 이 도시에는 300명의 시민이 거주하는데 그 가운데 약 10%가 독감에 걸리게 된다. 시민들은 자유롭게 돌아다니다가 독감에 걸린 시민과 접촉하면 독감에 전염된다. 독감에 면역이 있는 사람도 있고 자연스럽게 치유되는 사람도 있다. 자, 이제 이 상황을 천천히 저작해 본다.

◈ 해 보기

- setup 블록을 활용해 300명의 도시인을 만들고 10% 확률로 색깔이 달라지도록 설정한다.
- 개체에 '회복 확률(Recovery)'과 '면역력(immune)'이라는 변수(Variables)를 부여한다.
- if 블록과 Collision 블록을 응용해 여러 개체가 충돌했을 때 조건에 따라 색깔이 변하도록 만든다.
- 모의실험 도중에 일어나는 상황을 숫자와 그래프로 표현한다.

☞ 돌아보기!

Collision 블록에 대한 설명 4장 5절 99쪽!

핵심 블록

monitor

가상세계 내 특정 개체군의 개체 수나 그것이 가진 속성의 변화량을 숫자로 보여 주는 블록

line graph data

가상세계 내 특정 개체군의 개체 수나 그것이 가진 속성의 변화량을 선형 그래프로 보여 주는 블록

slider

개체군에 어떤 수치를 변수로 부여할 때, 그 수치를 슬라이드바 형태로 손쉽게 조작할 수 있도록 해 주는 블록

Collisions people
Collision people

두 개체가 충돌했을 때 각 개체의 변화 상황을 지정하는 블록

조건문을 이용해 다양한 변화 상황을 설정할 수 있는 블록

set color

개체의 색깔을 바꿔 주는 블록

Everyone
shared number

개체군의 모든 개체에게 동일한 숫자값을 변수로 부여해 주는 블록

people
agent boolean

각 개체마다 따로 참, 거짓값을 변수로 부여해 주는 블록

1절 도시 배경 만들기
Edit Breeds와 Edit Terrain 활용

우선 프로그램에 등장하는 기본 개체와 지형을 바꿔 준다. 3장 4절 65쪽에서 배운 것을 잘 활용해 본다.

- 먼저 프로그램에 등장하는 개체를 인간으로 바꾼다. Edit Breeds를 클릭한 다음, 개체 이름을 'people'로 바꾼다. 그리고 people 탭에서 사람 모양을 선택한다.

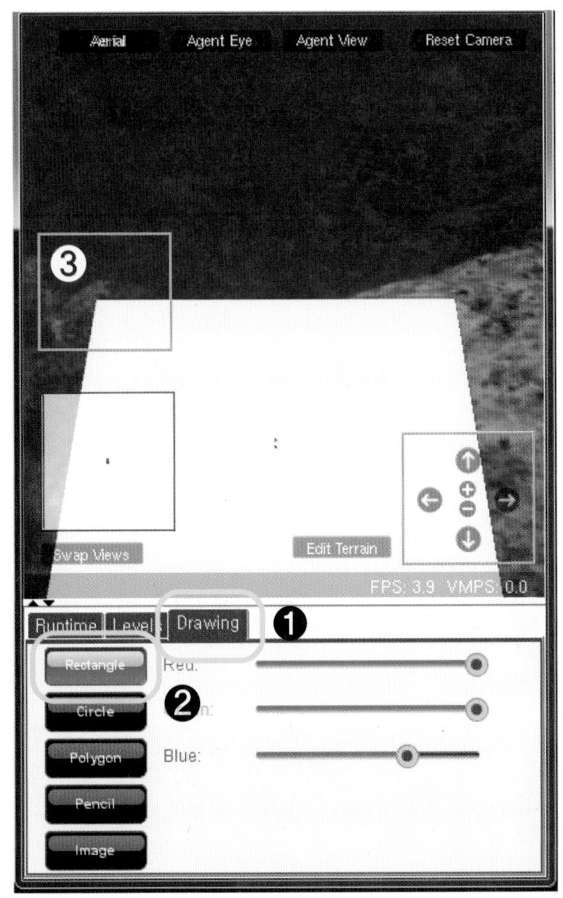

● 스페이스랜드의 드로잉(drawing) 탭을 클릭해 지형 바닥 색깔을 바꿔 본다. 드로잉 탭에 있는 여러 버튼 가운데 Rectangle 버튼을 클릭해 RGB 컬러를 R: 255, G: 255, B: 175로 바꾼다. 그다음 스페이스랜드 위에 커서를 놓고 마우스 왼쪽 버튼을 누른 상태로 마우스를 드래그하면 사각형이 그려진다. 옆의 그림과 같이 바닥에 사각형을 그려서, 모든 바닥을 밝은 아이보리색으로 칠해 본다.

2절 시민 만들기

setup 설정

가상세계에서 300명의 시민들이 자유롭게 돌아다니게 하려면 어떻게 할까? 또 시민들이 독감에 걸리는 확률이 10%가 되려면 어떻게 할까? setup 블록, forever 블록, run once 블록을 이용해 모의실험의 시작상황을 만들어 본다.

2-1. setup 설정하기

여기서는 setup 버튼을 눌렀을 때 가상세계의 모든 것이 초기화되고 300명의 녹색 시민이 생성되도록 한다.

- 우선 Setup 캔버스로 이동한다.
- Setup and Run 도구상자에서 setup 블록과 clear everyone 블록을 꺼내 아래와 같이 놓는다.
- My Blocks 팔레트에 있는 people 도구상자에서 create people 블록과 scatter people 블록을 꺼내어 아래와 같이 배치한다. 그리고 create people 블록 우측 상단 num 옆에 300이라는 숫자를 입력한다.
- Factory 팔레트에 있는 Traits 도구상자에서 set color 블록과 model skin off 블록을 꺼낸다. set color 블록 옆에 'green'을 입력해 개체의 색깔을 초록색으로 바꿔 준다.

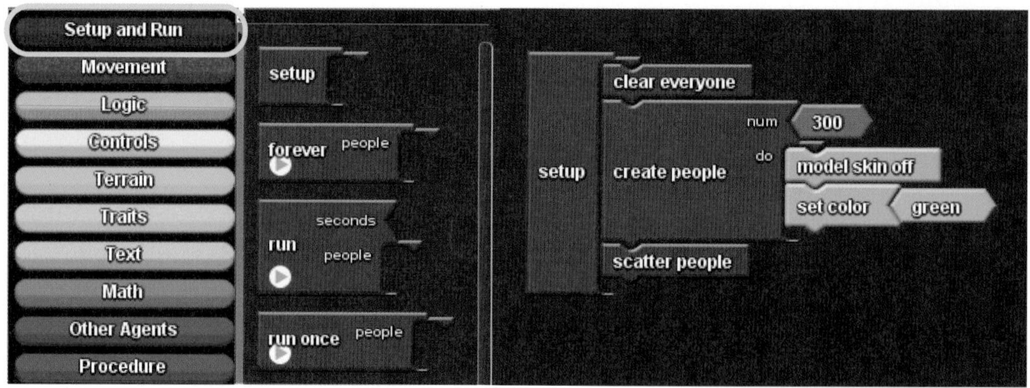

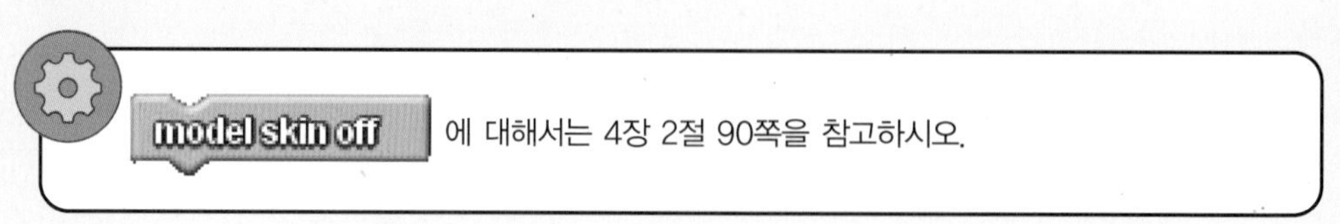

에 대해서는 4장 2절 90쪽을 참고하시오.

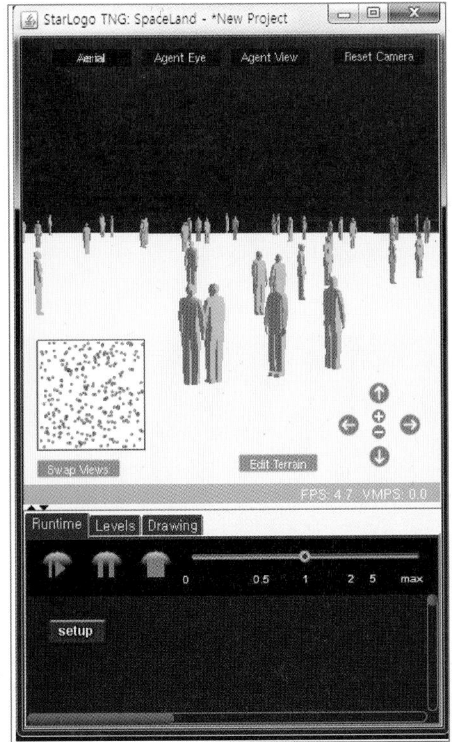

- setup 명령어 구성이 다 끝났다면 이제 스페이스랜드 하단의 setup 버튼을 눌러 본다. 이 버튼을 클릭할 때마다 스페이스랜드의 모든 것이 사라지고, 300명의 녹색 시민이 여기저기 생성된다.

2-2. 시민들의 기본 움직임 저작하기

여기서는 run 버튼을 눌렀을 때 300명의 시민들이 임의의 방향으로 천천히 돌아다니도록 만든다.

- Runtime 캔버스로 간다.
- Setup and Run 도구상자에서 forever 블록을 꺼내 이름을 'run' 으로 바꾼다. 이름을 바꾸려면 'forever' 라는 글자 부분을 마우스 왼쪽 버튼으로 클릭한 뒤 원하는 이름을 입력하면 된다.

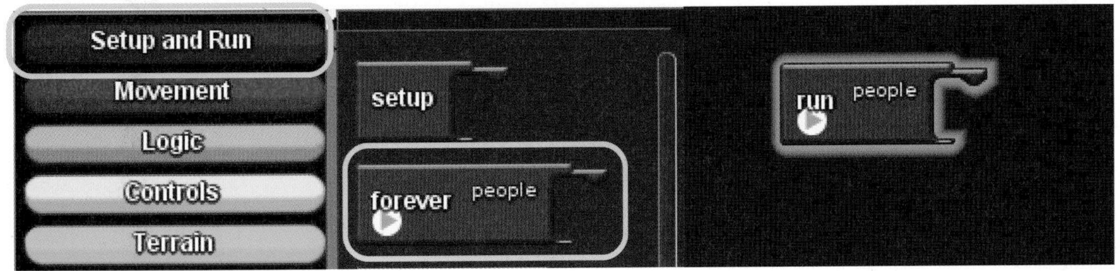

- Movement 도구상자에서 forward 블록, right 블록, left 블록을 꺼내고, Math 도구상자에서 random 블록을 꺼내 아래와 같이 배치한다. 또 블록 우측 연결고리에 숫자를 입력해 아래 그림처럼 제작한다.
- 아래와 같이 블록을 배치하면 개체들은 조금씩 방향을 바꿔 가며 천천히 돌아다니게 된다. 방향 전환의 폭이나 개체의 속도를 조절하려면 숫자 블록을 바꾸면 된다.

2-3. 독감에 걸린 시민 만들기

여기서는 infection 버튼을 눌렀을 때 300명의 시민 가운데 일부가 10% 확률로 독감에 걸리게 만든다.

- 다시 Runtime 캔버스로 간다.
- Setup and Run 도구상자에서 run once 블록을 꺼내 이름을 'infection'으로 바꾼다.

- Logic 도구상자에서 if 블록, Math 도구상자에서 random 블록과 부등호(≤) 블록을 꺼내 다음과 같이 배치한다. 그리고 빈칸에 숫자 블록을 다음과 같이 넣어 준다.
- 다음 명령어는 확률적인 사건을 표현한다. 이것은 1부터 100까지 숫자 가운데 하나를 임의로 택해서 10보다 작으면 개체의 색깔을 붉은색으로 바꾸라는 뜻이다.

● 이제 스페이스랜드 하단에 생성된 infection 버튼을 클릭하면 10% 확률로 시민이 붉은색으로 변한다. 여기서 붉은색 시민이 바로 독감에 걸린 시민이다.

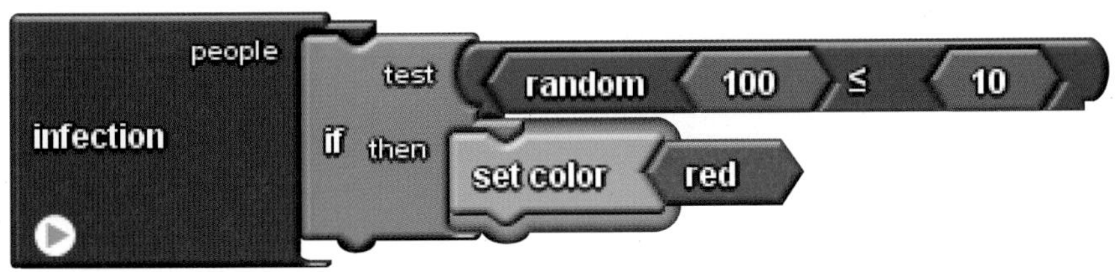

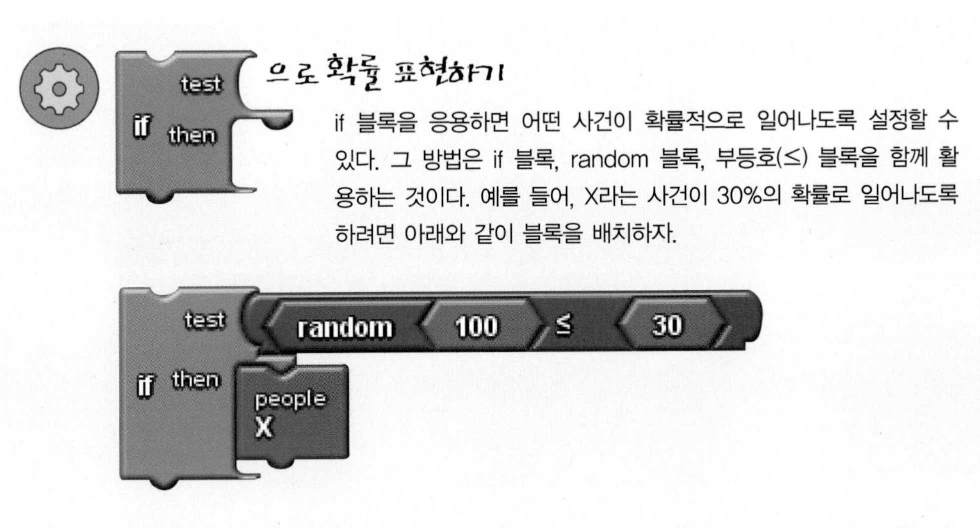

위 명령어는 1부터 100까지 숫자 가운데 하나를 임의로 택해서 30보다 작으면, X라는 사건이 발생하도록 하라는 뜻이다.

2-4. 독감이 전염되는 상황 저작하기

여기서는 Collision 블록을 활용해 독감에 걸린 붉은색 시민과 부딪힌 시민이 붉은색으로 전염되도록 제작한다.

● 먼저 Collision 캔버스로 간다. 그리고 My Blocks 팔레트에서 Collision 블록을 꺼낸다.

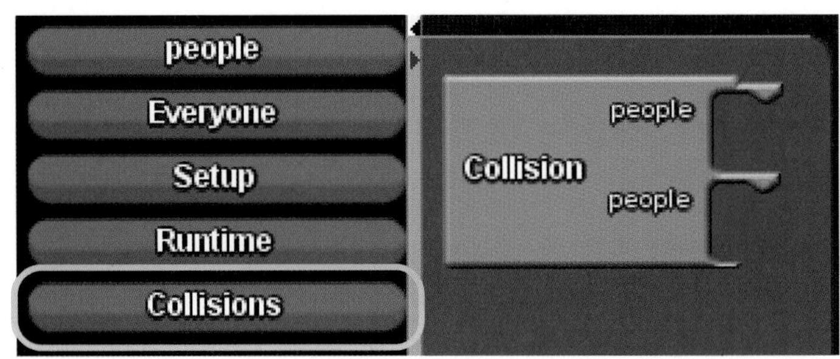

- Logic 도구상자에서 if 블록, Math 도구상자에서 등호(=) 블록을 꺼내 아래와 같이 배치한다.
- Other Agents 도구상자에서 color of 블록과 collidee 블록을 꺼내 아래와 같이 배치한다.
- collidee란 자기 자신과 충돌한 상대방 개체를 뜻하는 블록이다. 그러므로 아래 명령어에서 등호(=) 왼쪽 부분, 즉 color of ID는 충돌한 상대방의 색깔을 의미한다.

Other Agents 도구상자

Other Agents 도구상자에는 프로그램상의 특정 개체, 혹은 그 개체가 가진 색깔, 위치, 높이 등의 속성을 불러올 수 있는 블록이 있다. 만약 특정 개체의 색깔이 파란색인지를 판정하기 위한 여부를 조건문에 활용하려면, color of 블록을 활용하면 된다.

color of 블록의 우측에 있는 ID란 가상세계 속 각 개체마다 가지고 있는 고유의 번호다. 가상세계 속에서 생성되는 모든 개체는 각각 고유의 식별 번호를 가지고 있다. 이 식별 번호를 확인하려면, 스페이스랜드 화면 속에서 해당 개체를 마우스 왼쪽 버튼으로 클릭해 보자. 그러면 다음과 같이 개체 상황 창이 팝업된다. 여기서 우측 상단에 있는 번호가 바로 개체 고유의 식별 번호다.

● Color 도구상자에서 red 블록을 꺼내고, Traits 도구상자에서 set color 블록을 꺼내 아래와 같이 배치해 본다. 아래 명령어는 개체 A가 B와 충돌했는데, 상대방 B의 색깔이 붉은색이라면 A의 색깔도 붉은색으로 바꾸라는 뜻이다.

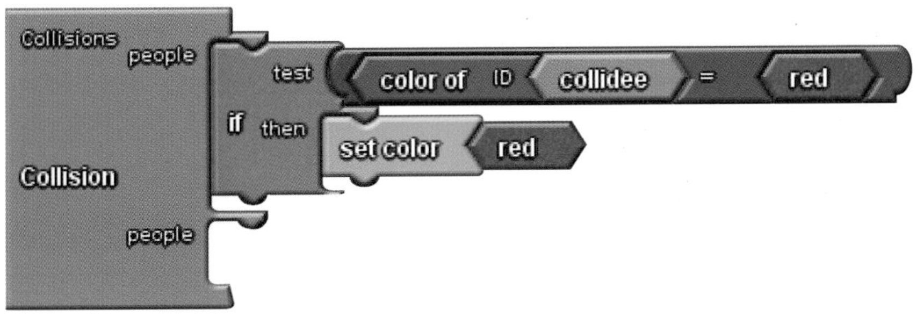

Traits 도구상자에는 색깔, 형태, 크기, 방향, 위치 등 개체가 가진 속성과 관련된 블록들이 모여 있다. 여기서 set color, set shape와 같은 블록은 색깔이나 형태를 바꿀 때 쓰는 명령어다.

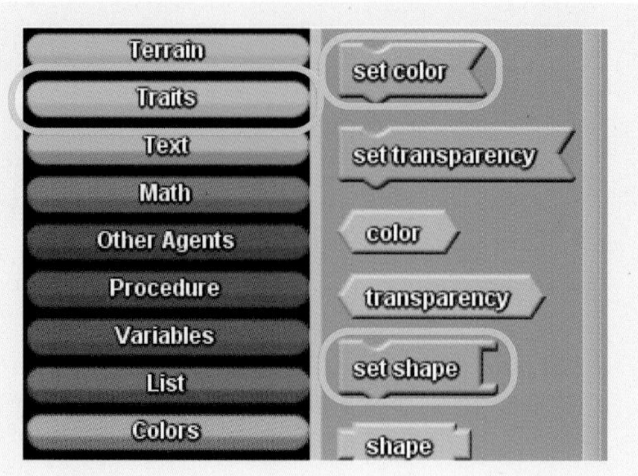

- 마지막으로 Collision 블록의 두 연결고리를 동일하게 만들어 준다. 복사해서 붙여넣기 기능을 활용하면 쉽게 작업을 완료할 수 있다.
- 이와 같이 Collision 블록 위아래 빈칸을 똑같이 만드는 이유는 Collision 블록의 특성 때문이다. 두 개체 중 하나만 감염되어 있는 경우, 다른 한쪽이 무조건 감염되도록 명령하기 위해서는 Collision 블록의 위아래 빈칸을 동일하게 맞춰 주어야 한다. 왜냐하면 Collision 블록은 충돌하는 두 개체의 상황을 각각 따로 정의할 수 있도록 되어 있기 때문이다.

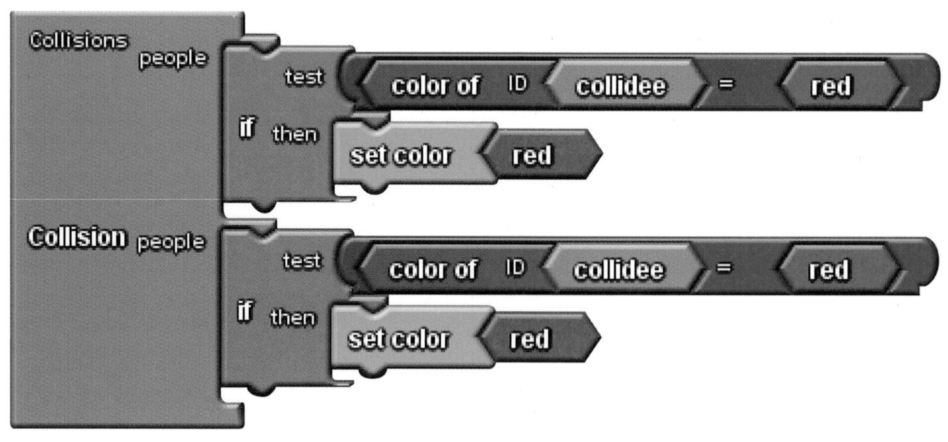

3절 | 독감에서 회복하려면

slider 블록과 Procedure 블록 활용

독감에 걸린 시민들 중 일정 확률로 자연스럽게 독감에서 회복하도록 하려면 어떻게 할까? 또 스스로 회복할 수 있는 확률을 도중에 마음대로 바꾸려면 어떻게 해야 할까? 변수 블록과 slider 블록, Procedure 블록을 활용해 이 상황을 저작해 본다.

3-1. 스스로 회복할 확률 지정하기

여기서는 변수기능과 slider 블록을 활용해 독감에 걸린 시민이 스스로 회복될 확률을 손쉽게 조절할 수 있게 설정한다.

Variables 의 기본 개념

- Variables 도구상자 블록들을 활용하면 특정 개체군에 체온이나 질량 같은 속성을 부여할 수 있다. 이렇게 속성을 부여하면, 이 속성을 조건으로 활용해 매우 다양한 현상을 표현할 수 있다. 예를 들어, 질량이 무거운 개체와 가벼운 개체가 부딪히면, 가벼운 쪽만 운동 방향을 바꾸도록 할 수 있는 것이다.
- Variables 도구상자에 있는 변수 블록에는 공통형(shared)과 개체형(agent)이 있다. 예를 들어, 모든 개체가 동일한 체온을 갖게 하고 싶으면 shared number 블록, 각 개체별로 다른 체온을 갖게 하고 싶으면 agent number 블록을 사용해야 한다. Variables 도구상자에 있는 대표적인 변수 블록의 예는 다음과 같다.

공통형(shared)		개체형(agent)	
Everyone agent boolean	개체군 전체가 동일한 참/거짓값을 가질 때 활용	people agent boolean	각 개체별로 다른 참/거짓값을 가질 때 활용
Everyone agent number	각 개체군 전체가 동일한 수치값을 가질 때 활용	people agent number	각 개체별로 다른 수치값을 가질 때 활용
Everyone agent text	개체군 전체가 동일한 텍스트값을 가질 때 활용	people agent text	각 개체별로 다른 텍스트값을 가질 때 활용

●변수를 부여하는 방법은 매우 간단하다. 변수를 부여하고 싶은 개체군 캔버스에 원하는 변수 블록을 꺼내 놓기만 하면 된다. 이때 블록의 이름 부분을 마우스 왼쪽 버튼으로 클릭하면 이름을 마음대로 바꿀 수 있다. 예를 들어, Turtles 캔버스에 agent number 블록을 꺼낸 다음 블록 이름을 'energy'로 바꾸면, Turtles라는 개체군은 energy라는 변수를 가지게 된다.

●이렇게 지정된 변수는 My Blocks 팔레트에 있는 각 개체군 도구상자에서 불러올 수 있다. 예를 들어, Turtles 캔버스에 agent number 블록을 꺼낸 다음 블록 이름을 'energy'로 바꾸어 두었다면, My Blocks 팔레트에 있는 Turtles 도구상자에 'energy'라는 이름을 가진 블록들이 생성된다. 변수 기능을 잘 활용해야 복잡한 현상을 잘 구현할 수 있기 때문에 여기서 활용법을 제대로 배워 두자.

- 먼저 Everyone 캔버스로 간다.
- Variables 도구상자에서 shared number 블록을 꺼낸 다음, 이름을 'Recovery'로 바꾼다. 이렇게 하면 모든 개체가 Recovery라는 숫자 변수를 가지게 된다.

- Setup and Run 도구상자에서 slider 블록을 아까 꺼낸 변수 블록에 붙인다.
- 이렇게 하면 스페이스랜드 하단에 Recovery 슬라이더가 생긴 것을 볼 수 있다. 이 슬라이더를 조작하면 Recovery 변숫값을 손쉽게 조절할 수 있다.

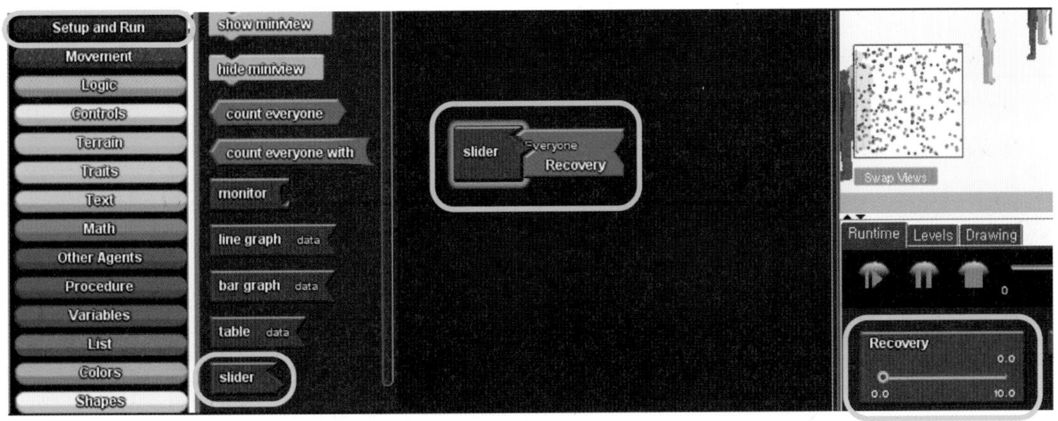

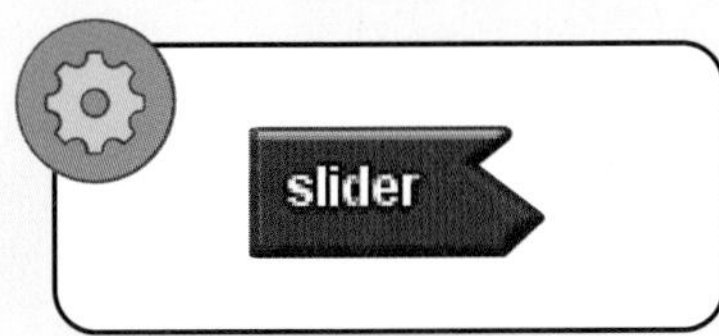

slider 블록이란 가상세계 내 특정한 변숫값을 슬라이더 바를 통해 손쉽게 조절하고 싶을 때 사용하는 블록이다. 사용법은 간단하다. 변수를 부여하고 싶은 개체군 캔버스에 slider 블록을 꺼내 놓은 다음, 그 옆에 원하는 변수 블록을 붙이면 된다.

- 오른쪽의 화면처럼 Recovery 슬라이더 하단부에 있는 숫자를 클릭하면 최댓값 또는 최솟값을 바꿀 수 있다. 여기서는 Recovery 변수를 확률(%)로 활용할 것이기 때문에 최댓값을 100으로 고친다.

3-2. 회복 Procedure 저작하기

여기서는 Procedure 블록을 이용해 독감에 걸린 환자 가운데 일부가 일정 확률로 스스로 회복하는 상황을 만든다.

- 먼저 people 캔버스로 간다.
- Procedure 도구상자에서 Procedure 블록을 꺼낸 다음, 이름을 'Recover'로 바꾼다.

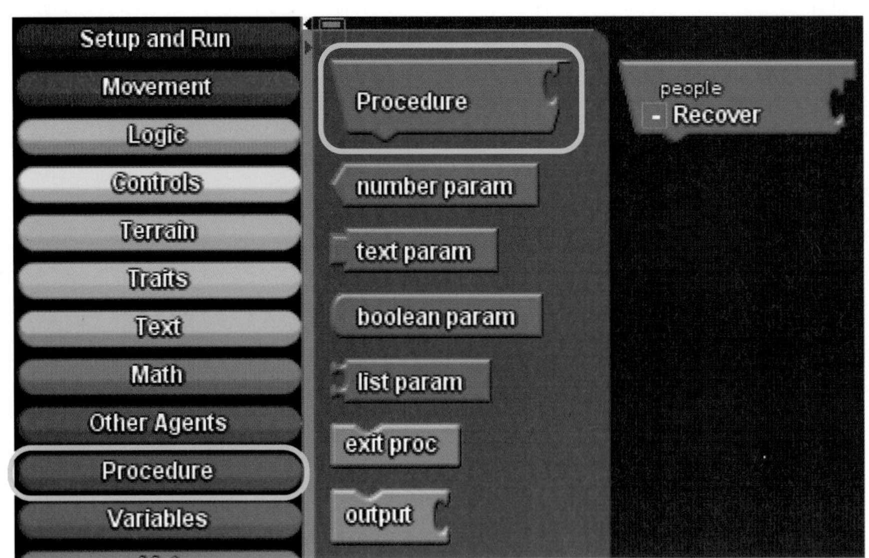

- Logic 도구상자에서 if 블록을 꺼내고, Math 도구상자에서 부등호(≤) 블록, random 블록을 꺼내 왼쪽 그림과 같이 배치한다.

- My Blocks 팔레트에 있는 Everyone 도구상자에서 'Recovery' 라는 이름을 가진 블록을 꺼내 아래와 같이 배치한다.
- 이 Recovery 블록은 120쪽에서 슬라이더로 조절할 수 있도록 해 놓았던 변수다. 아래 명령어는 슬라이더로 조절할 수 있는 Recovery 변숫값을 확률로 사용하기 위해 만든 명령어다. 즉, if 블록의 위쪽 부분은 1부터 100까지 숫자 가운데 임의로 숫자 하나를 선택해서, 그 숫자가 Recovery 값보다 작은 경우라는 뜻이다.

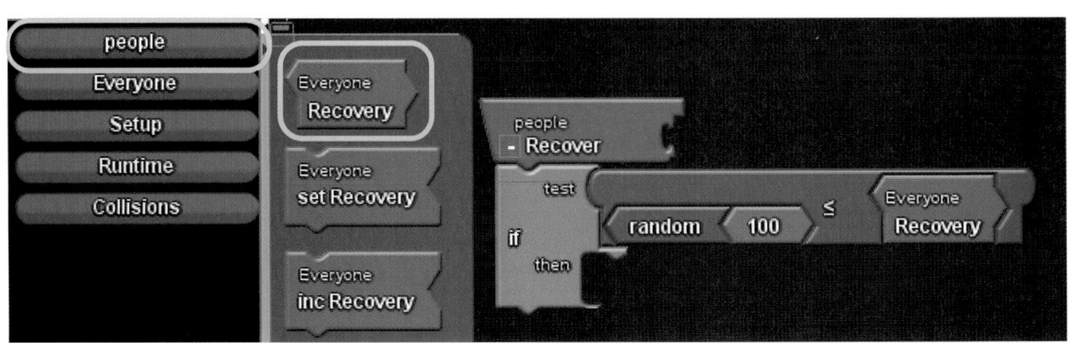

- Traits 도구상자에서 set color 블록을 꺼내 아래와 같이 배치한다. 아래와 같이 만들면 사용자가 슬라이더로 지정한 확률에 따라 독감에 걸린 붉은색 시민이 원상태로 돌아오게 된다.

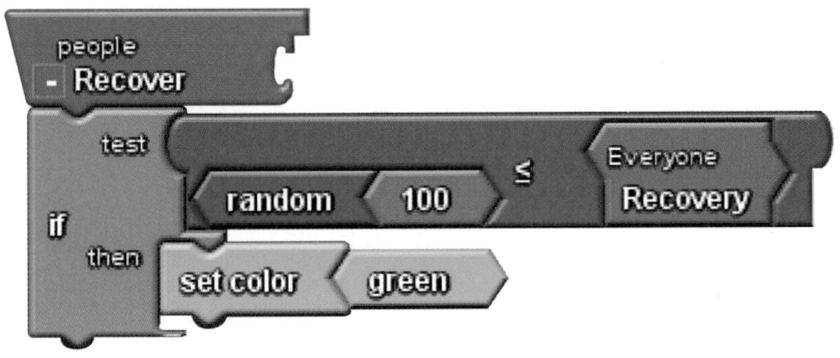

- 마지막으로 지금까지 만든 Procedure가 실제로 작동하도록 한다.
- Runtime 캔버스로 간 다음, My Blocks 팔레트에 위치한 people 도구상자에서 'Recover' 라는 이름을 가진 Procedure 블록을 꺼내 아래와 같이 배치한다. 아래와 같이 하면 시민들이 일정 확률로 회복될 수 있는 성질을 가지게 된다.

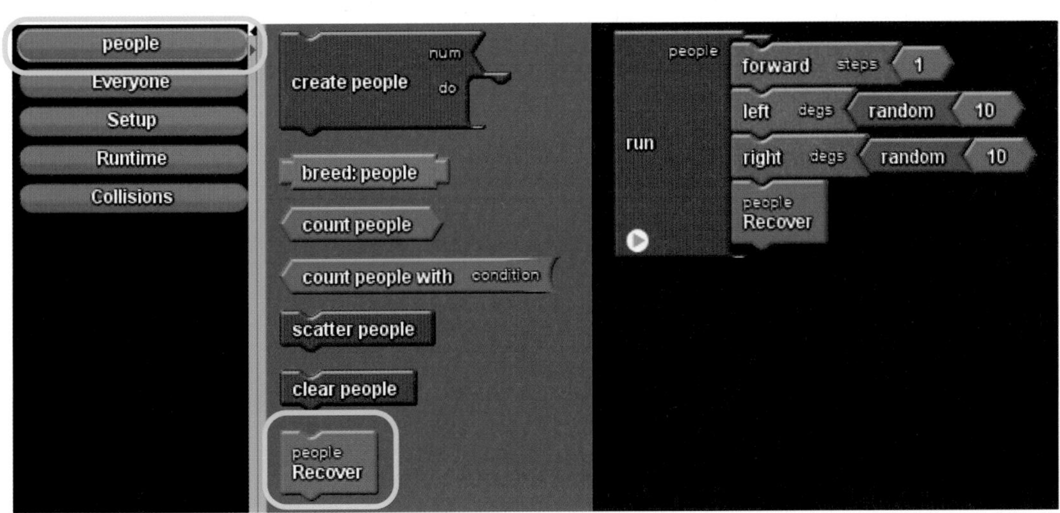

4절 독감 안 걸리는 시민 만들기

변수 기능 고급 활용

어떤 시민은 독감에 면역을 가지고 있을 수도 있다. 처음 시민이 생성될 때부터 면역을 가지도록 만들려면 어떻게 할까? 또 면역을 가진 시민이 독감에 걸린 시민과 부딪혀도 독감에 걸리지 않도록 하려면 어떻게 해야 할까? agent boolean 블록과 Procedure 블록을 이용해 문제를 해결해 본다.

4-1. 면역력 가진 시민 만들기

여기서는 참 또는 거짓 변수를 활용해 시민들이 처음 생성될 때 면역을 가질 확률이 10%가 되도록 제작한다.

- 먼저 people 캔버스로 간다.
- Variables 도구상자에서 agent boolean 블록을 꺼낸 다음, 이름을 'immune'으로 바꿔 준다. 이렇게 하면 시민들이 immnue이라는 변수를 속성으로 지니게 된다.

agent boolean 블록은 개별 개체마다 서로 다른 참·거짓값을 가지도록 해 주는 변수 블록이다. 성별이나 합격·불합격 등 이분법적으로 이뤄진 변수를 부여할 때 유용하게 쓰일 수 있다.

불 함수(boolean)란?

본래 불 함수란 어떤 변수와 연산자(and, or)로 구성되어 있고, 참 또는 거짓의 값을 가지는 함수를 말한다. 예를 들어, (A∧B)∨~C, 혹은 (A and B) or (not C)와 같은 함수다. 이 함수는 디지털 회로 설계에서 핵심 역할을 한다.

- 이제 시민들 가운데 일부만 면역을 가지고 생성되도록 할 차례다. 우선 Setup 캔버스로 간다.
- 기존에 만든 setup 블록을 수정한다. Logic 도구상자에서 ifelse 블록을 꺼내 아래와 같이 배치한다.

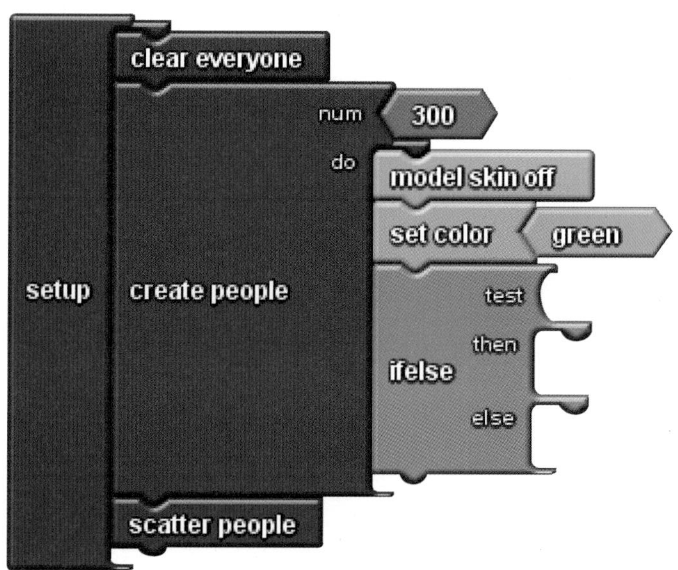

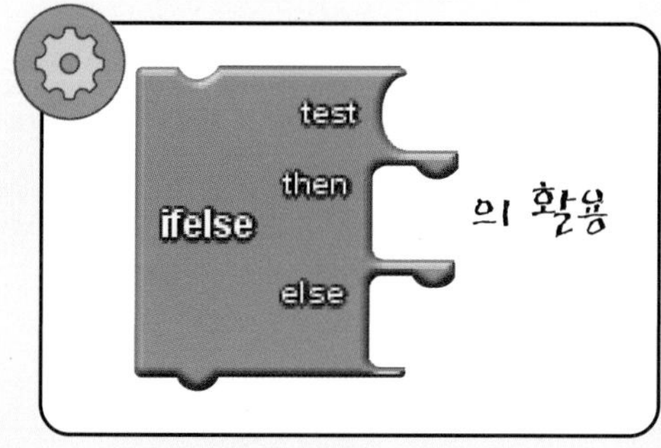

ifelse 블록의 원리는 if 블록과 동일하다. 그러나 if 조건을 통과하지 못한 경우의 상황을 구체적으로 지정할 수 있다는 점이 다르다. ifelse 블록의 우측에 보면 then과 else가 있다. 여기에 원하는 상황을 지정하면 if 조건을 통과했을 때와 못했을 때의 상황을 각각 따로 지정할 수 있다.

- ifelse 블록에서 test 조건문을 저작할 차례다. Math 도구상자에서 random 블록과 부등호(≤) 블록을 꺼내 아래와 같이 배치한다.

- My Blocks 팔레트의 people 도구상자에서 set immune 블록을 꺼내 아래와 같이 배치한다.
- immune은 124쪽에서 people 캔버스에 배치한 변수다. 또 set immune 블록은 immune 변숫값을 바꾸라는 뜻이다.

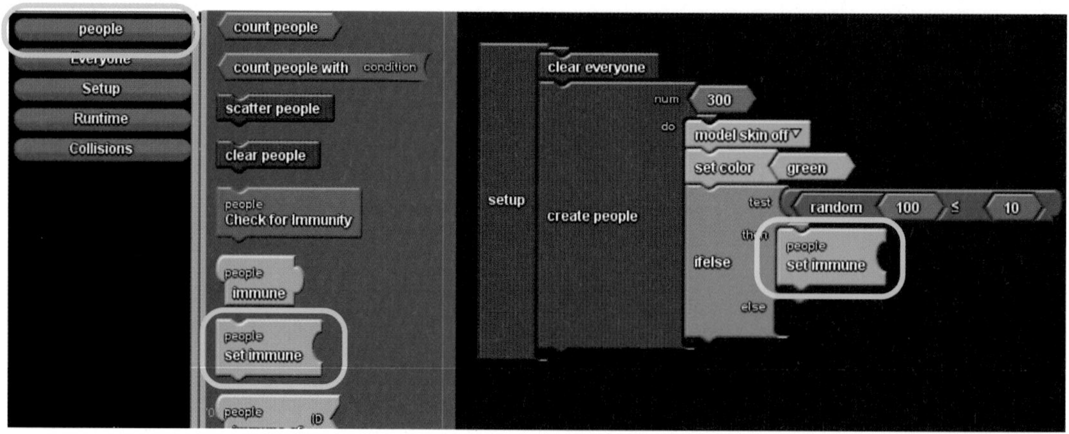

- Logic 도구상자에서 true와 false 블록을 찾아 다음과 같이 배치한다.
- 아래 수식은 1~100까지 임의의 숫자를 택해서 10보다 작으면 immune 변수에 대해 true 값을 부여하고, 아니면 false 값을 부여하라는 뜻이다. 이렇게 하면 setup 버튼을 누를 때마다 10% 확률로 immune 값을 참으로 부여받은 시민이 생성된다.

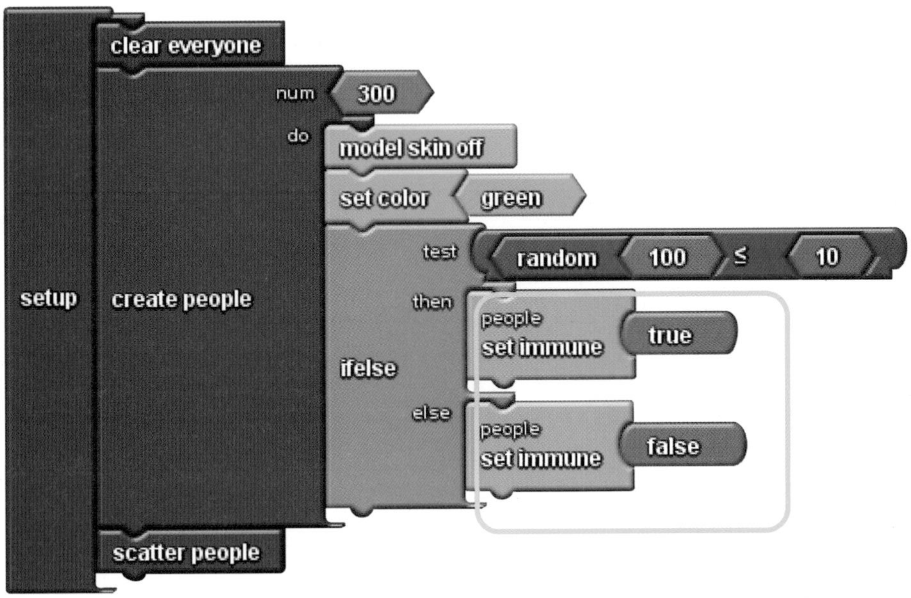

4-2. 면역을 가진 시민은 전염되지 않도록 저작하기

여기서는 시민이 면역을 가졌는지 여부를 판정하는 Procedure를 저작하고, 이를 활용해 면역을 가진 시민은 독감에 걸린 시민과 부딪히더라도 전염되지 않도록 저작한다.

- 우선 people 캔버스로 간다.
- Procedure 도구상자에서 Procedure 블록을 꺼낸 다음, 그 이름을 'Check for Immunity' 로 바꾼다.

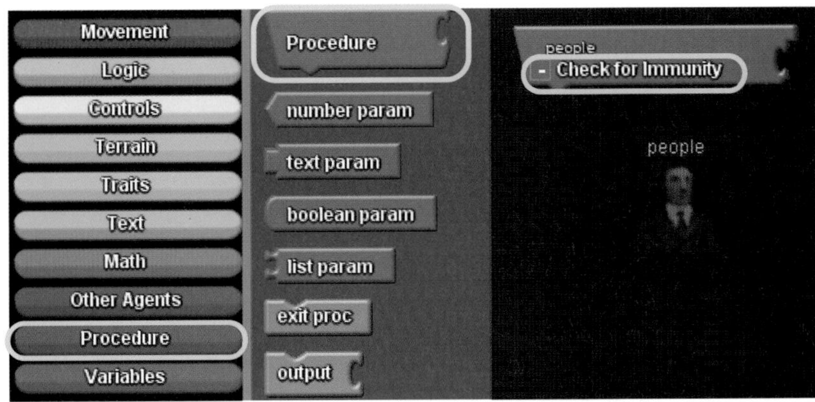

- Logic 도구상자에서 if 블록과 등호(=) 블록, false 블록을 꺼내 아래와 같이 배치한다.
- My Blocks 팔레트 people 도구상자에서 immune 블록을 꺼내 아래와 같이 놓는다. immune 블록은 124쪽에서 agent boolean 블록으로 만든 변수 블록이다.
- 아래 Procedure의 if 조건문은 immune 값이 false인 경우에만 색깔을 붉은색으로 바꾸라는 뜻이다.

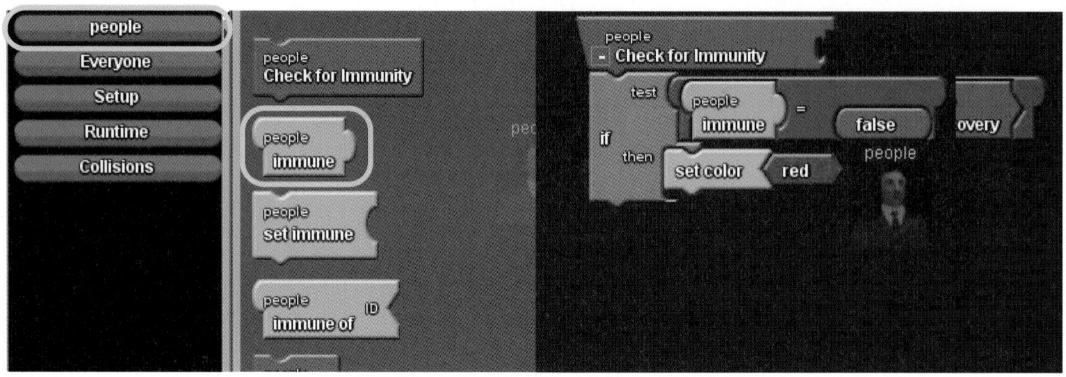

- 이제 Collisions 캔버스로 가서 기존에 저작했었던 Collision 블록을 수정한다. 먼저 저작했던 조건문의 then 이하 부분(set color 블록)을 모두 삭제한다.
- My Blocks 팔레트에 있는 people 도구상자를 보면 127쪽에서 저작한 'Check for Immunity' 라는 Procedure가 있다. 이를 꺼내 아래와 같이 배치한다.
- 그러면 독감에 걸린 붉은색 시민과 충돌한 뒤에도, immune 값이 false인 시민만 독감에 전염된다.

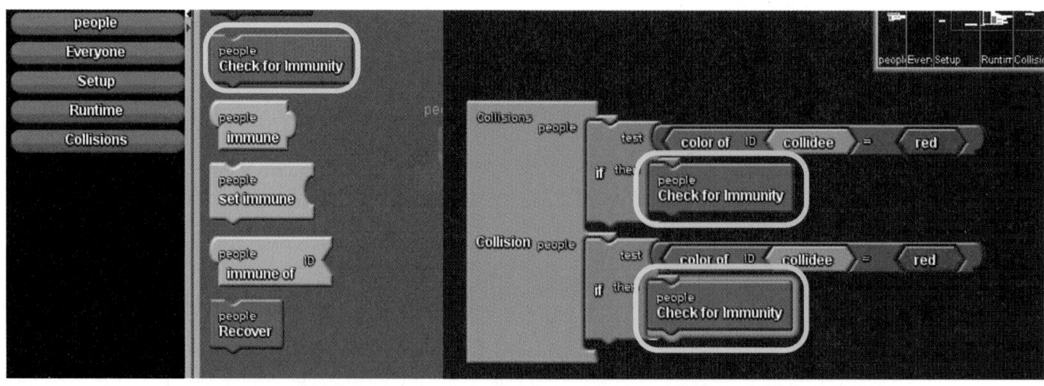

5절 전염 상황 관찰하기

monitor 블록과 line graph 블록 활용

독감에 걸린 시민이 총 몇 명인지는 어떻게 알 수 있을까? 또 독감에 걸린 시민의 숫자가 시간이 흐르면서 어떻게 변하는지 한눈에 알 수 있는 방법은 없을까? monitor 블록과 line graph 블록을 이용해 모의실험 도중에 일어나는 변화를 관찰해 본다.

5-1. 독감에 걸린 시민 숫자 파악하기

여기서는 monitor 블록을 이용해 독감에 걸린 시민의 숫자를 파악할 수 있게 저작한다.

- Setup 캔버스로 간다. Setup and Run 도구상자에서 monitor 블록을 꺼내 이름을 'infections'로 바꾼다.

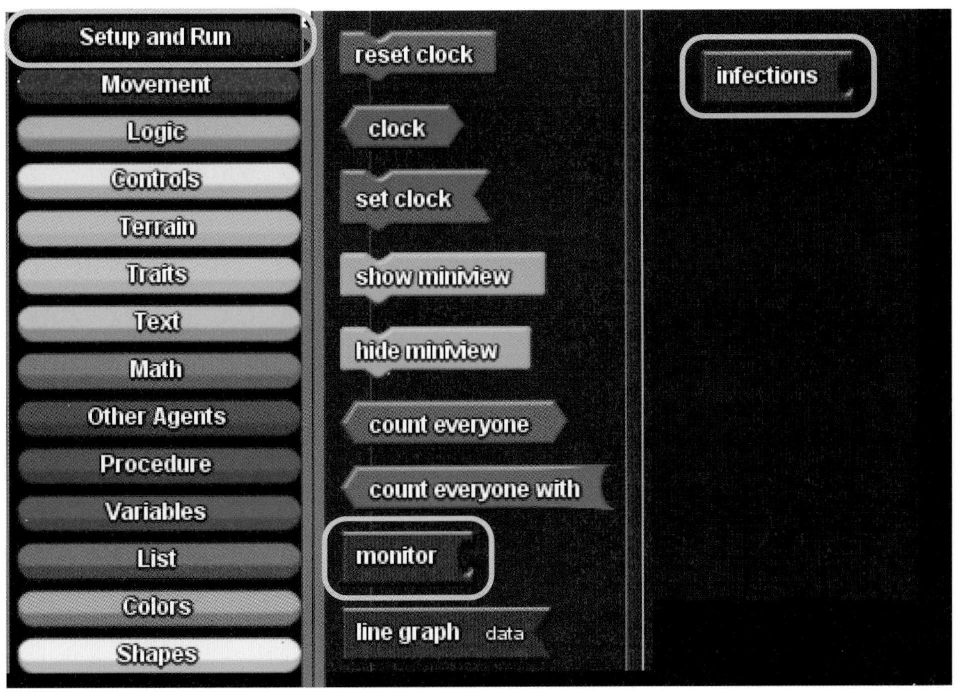

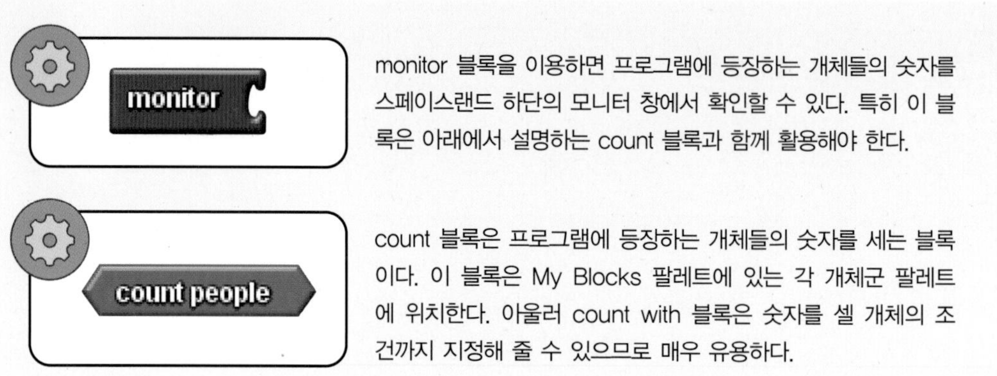

monitor 블록을 이용하면 프로그램에 등장하는 개체들의 숫자를 스페이스랜드 하단의 모니터 창에서 확인할 수 있다. 특히 이 블록은 아래에서 설명하는 count 블록과 함께 활용해야 한다.

count 블록은 프로그램에 등장하는 개체들의 숫자를 세는 블록이다. 이 블록은 My Blocks 팔레트에 있는 각 개체군 팔레트에 위치한다. 아울러 count with 블록은 숫자를 셀 개체의 조건까지 지정해 줄 수 있으므로 매우 유용하다.

- My Blocks 팔레트에 있는 people 도구상자에서 count people with 블록을 꺼내 아래와 같이 배치한다.

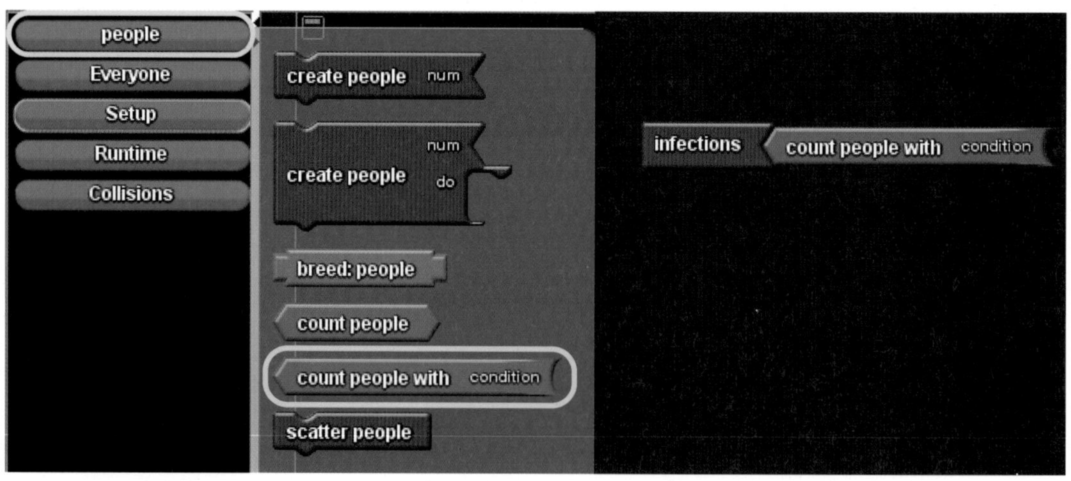

- Math 도구상자에서 등호(=) 블록을 꺼내고, Traits 도구상자에서 color 블록을 꺼내 아래와 같이 배치한다.

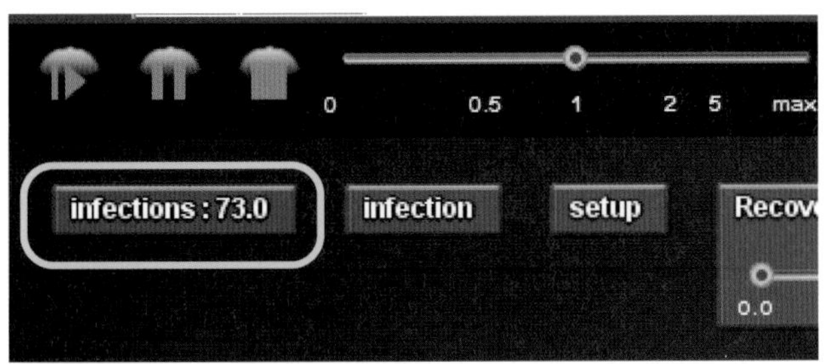

● 이제 스페이스랜드 하단을 확인해 본다. 독감에 걸린 시민의 숫자가 왼쪽 그림처럼 표시된다.

5-2. 독감이 퍼지는 상황을 그래프로 나타내기

여기서는 line graph 블록을 이용해 시민들에게 독감이 퍼지는 상황을 그래프로 나타낸다.

● Setup 캔버스로 간다. Setup and Run 도구상자에서 line graph 블록을 꺼낸다.

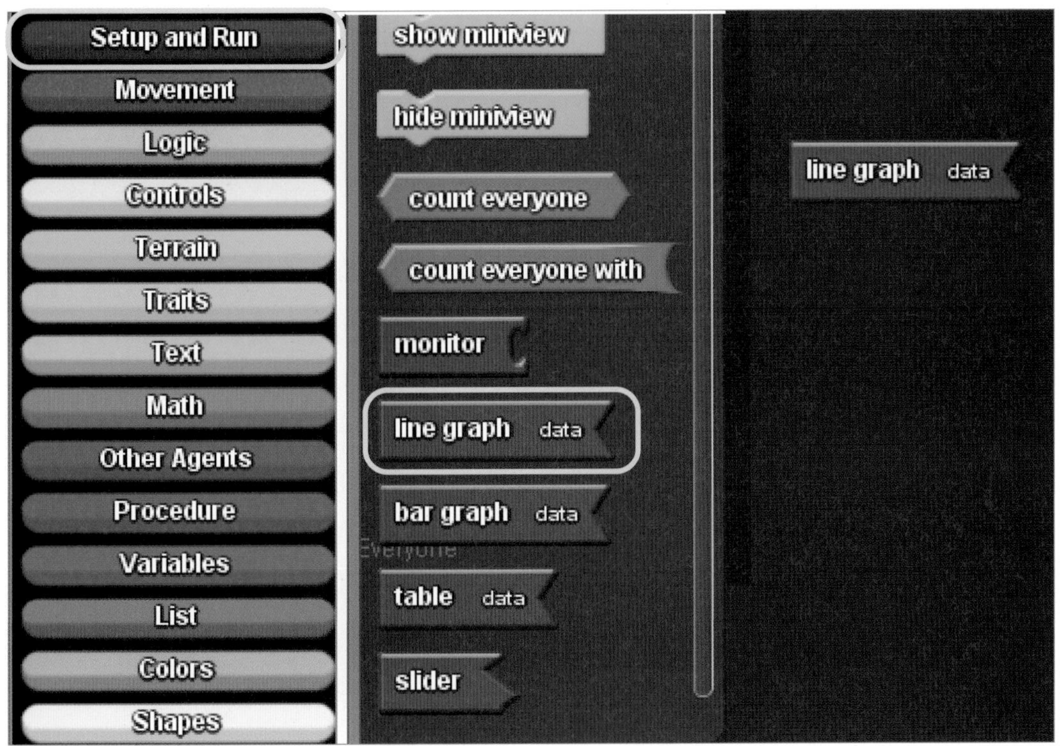

그래프에 등장하는 개체들의 숫자 변화 상황을 그래프나 표로 나타낼 수 있다. line graph 블록은 변화량을 선 그래프로 보여 주고, bar graph 블록은 변화량을 막대 그래프로 보여 준다. 또 table 블록은 변화량을 표로 보여 준다. 각 graph 블록 우측 data에 count 블록을 추가하면, 그래프의 가로축, 세로축에 어떤 자료를 놓을 것인지 결정할 수 있다.

- My Blocks 팔레트에 있는 people 도구상자에서 count people with 블록을 꺼낸다.
- Math 도구상자에서 등호(=) 블록, Traits 도구상자에서 color 블록을 꺼내 다음과 같이 배치한다.
- line graph 블록 우측 끝부분의 텍스트를 마우스 왼쪽 버튼으로 클릭하면 그래프의 가로축과 세로축 이름을 바꿀 수 있다. 'red people'과 'green people'로 이름을 변경해 준다.

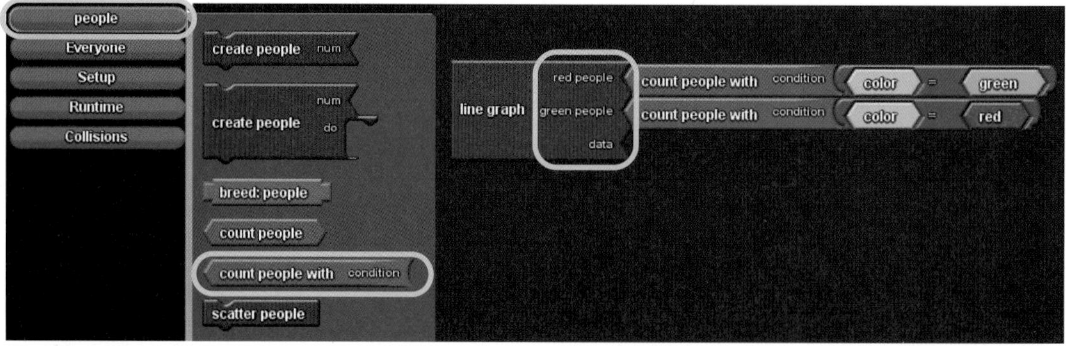

- setup을 할 때마다 그래프를 초기화하려면 reset clock 블록을 활용한다. Setup and Run 도구상자에서 reset clock 블록을 꺼내 126쪽에서 저작해 두었던 setup 블록에 추가해 본다.

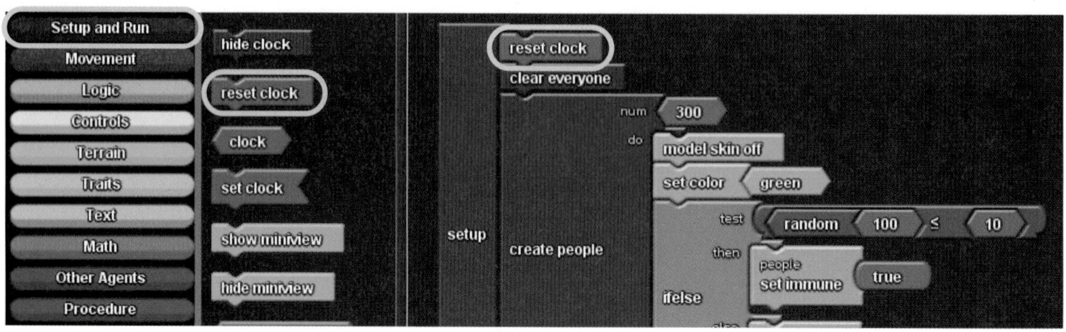

● 이제 스페이스랜드 하단을 살펴보면 커다란 그래프 창이 생성된다. 모의실험을 실행해 보면서 어떻게 그래프가 변화하는지 관찰해 본다.

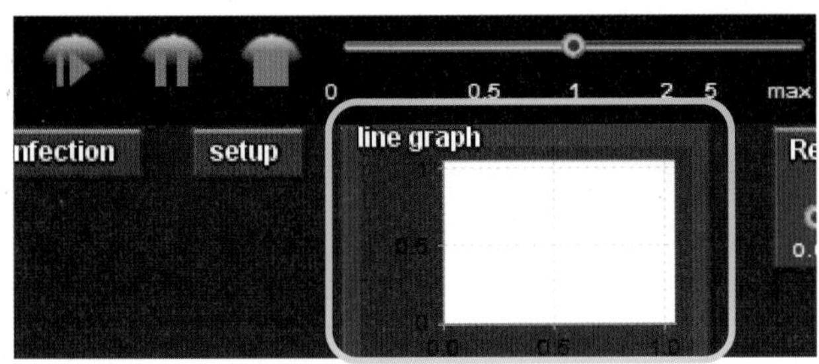

그래프 상세하게 관찰하기

스페이스랜드 하단에 있는 그래프 창을 더블클릭하면 그래프가 확대된다. 또 우측 상단에 있는 'Set Time Interval' 값을 줄이면 그래프가 더 정교해진다.

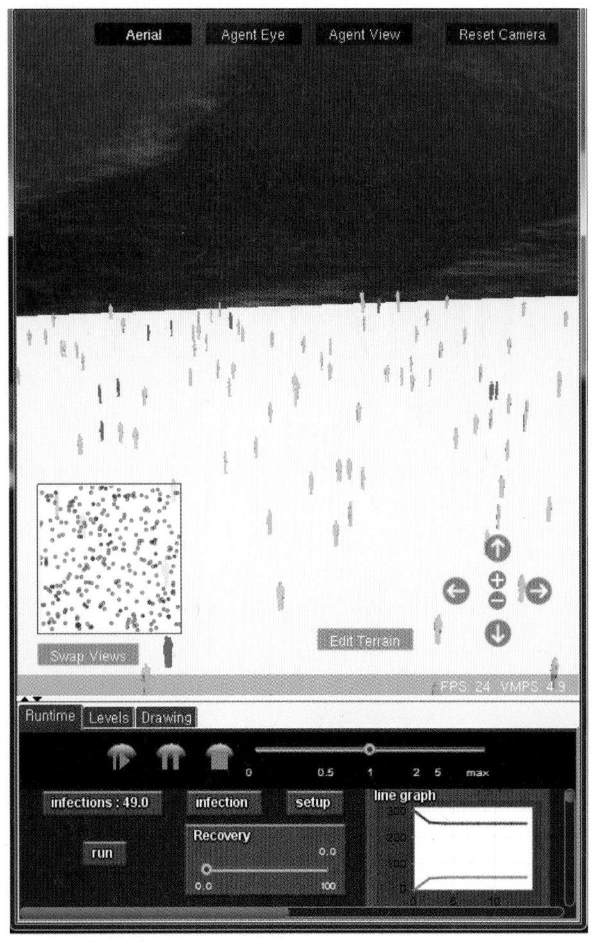

이제 완성된 모의실험을 실행해 보며 어떤 일이 일어나는지 관찰해 본다. 스페이스랜드 하단에 위치한 슬라이드 바를 이용해 독감에서 스스로 회복될 확률을 조절해 보면, 이 확률이 어떻게 변하는지에 따라 독감에 걸린 시민들의 숫자가 변화하는 것을 알 수 있다.

5장에서는 어느 도시에 독감이 퍼지는 현상을 모의실험으로 제작해 보았습니다. 여기서는 변수 기능에 대해서 잘 알아 두는 것이 중요합니다. 특정 현상을 정교하게 표현하기 위해서는 변수를 잘 활용해야 하기 때문입니다.

6장은 스타로고 프로그램 제작의 마지막 고급 단계입니다. 지금까지 배운 내용을 모두 포함하고 있기 때문에 지금까지 잘 따라왔다면 어렵지 않게 따라 할 수 있을 것입니다. 그럼 아름다운 바다 생태계를 지금부터 함께 만들어 볼까요?

StarLogo

혼자해 보기 한 걸음

개체에게 면역을 부여하는 단계에서 면역을 가진 개체의 색깔을 흰색으로 하려면 어떻게 해야 할까?

혼자해 보기 두 걸음

다음 저작 절차의 의미를 그 아래 글상자의 괄호를 채우며 해석해 보자.

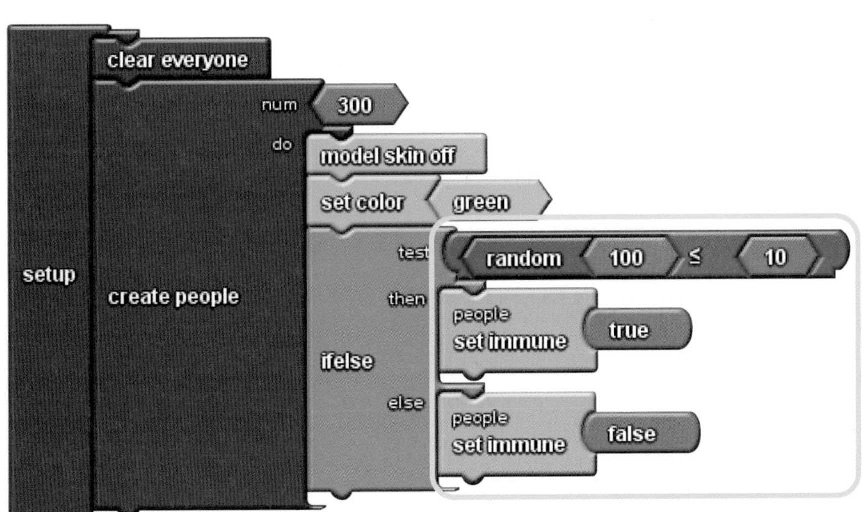

(~)까지의 숫자를 택해서 ( )보다 작으면 ( ) 변수에 대해 ( ) 값을 부여하고, 아니면 ( ) 값을 부여하라는 뜻이다. 이렇게 하면 ( ) 버튼을 누를 때마다 ( )%의 확률로 ( ) 값을 참으로 부여받은 시민이 생성된다.

6장 바다 생태계 이야기

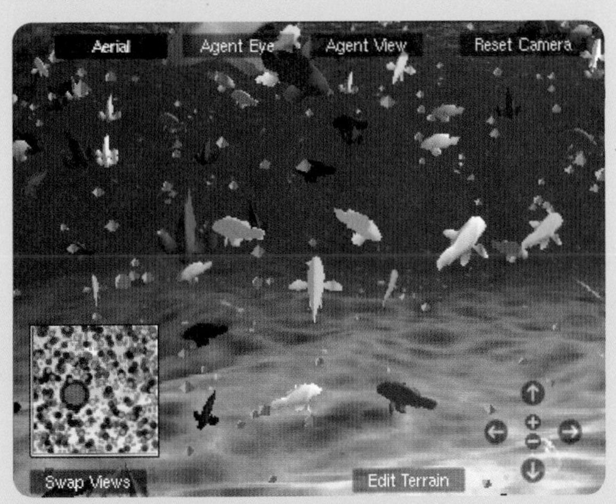

스타로고 저작 고급

지금까지 스타로고를 이용해 간단한 게임과 모의실험을 만들어 보았습니다.
이번에는 바다 생태계처럼 매우 복잡한 현상을 스타로고로 저작해 보고자 합니다.
여기에서는 플랑크톤과 크고 작은 물고기들이 서로 유기적인 먹이사슬 관계를 이루고 있습니다.
자, 신비한 바다 세상을 만들러 출발해 봅시다.

◈ 생각해 보기

생태계는 피라미드 형태의 먹이사슬로 이루어져 있다. 이 먹이사슬은 생명체들 사이의 유기적인 상호작용을 통해 언제나 균형을 유지한다. 바다 생태계도 마찬가지다. 플랑크톤과 크고 작은 물고기들이 서로 균형 잡힌 먹이사슬 관계를 이루고 있다. 여기에서는 이러한 바다 생태계를 모의실험으로 구현하고자 한다.

가상의 바닷속에는 물고기 152마리, 플랑크톤 1,000마리가 있다. 작은 물고기는 플랑크톤을 먹고, 큰 물고기는 작은 물고기를 잡아먹는다. 또 각 개체는 고유한 에너지값을 가지고 있어서 다른 개체를 잡아먹을 때마다 에너지를 얻게 된다. 이러한 상황을 저작하려면 어떻게 해야 할까? 또 시간이 흐를수록 바닷속의 생태계에는 어떠한 변화가 일어날까?

◈ 해 보기

- 스페이스랜드 아래에 있는 Drawing 탭에서 스페이스랜드 배경 이미지를 삽입한다.
- Procedure 블록을 통해 물고기와 플랑크톤의 움직임, 죽음, 번식을 설정한다.
- if 블록, ifelse 블록의 기능을 구분해 상황에 따라 활용한다.
- line graph 블록을 통해 큰 물고기, 작은 물고기, 플랑크톤의 개체 수를 그래프를 통해 나타낸다.

돌아보기!

Collision 블록에 대한 설명 4장 5절 99쪽!
line graph 블록에 대한 설명 5장 5절 132쪽!

핵심 블록

여러 명령어 블록을 하나의 모듬으로 지정해 주는 블록으로, 블록의 이름을 바꿀 수 있다.

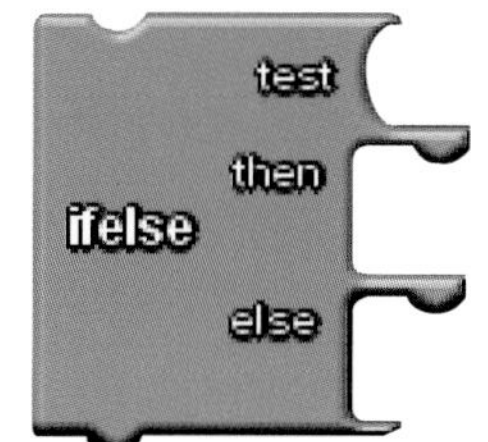

조건문을 이용해 다양한 변화 상황을 설정할 수 있는 블록으로, test 옆 실행조건이 참이면 then 이하의 명령을 수행하고, 거짓이면 else 이하의 명령을 수행한다.

개체가 자신과 동일한 새로운 개체를 생성하는 블록

line graph data

프로그램 내 특정값을 선 그래프로 표현해 주는 블록

1절 바닷속 풍경 만들기

Edit Breeds와 지형 바꾸기

프로그램에 등장하는 개체군을 물고기와 플랑크톤으로 바꿔 주고, 프로그램의 시작상황을 setup 기능을 통해 설정해 준다. 또 스페이스랜드의 지형과 배경 이미지를 바꿔 실제 바닷속처럼 꾸며 본다.

1-1. 개체군 바꾸기

여기서는 Edit Breeds를 이용해 개체군을 물고기와 플랑크톤으로 바꾼다.

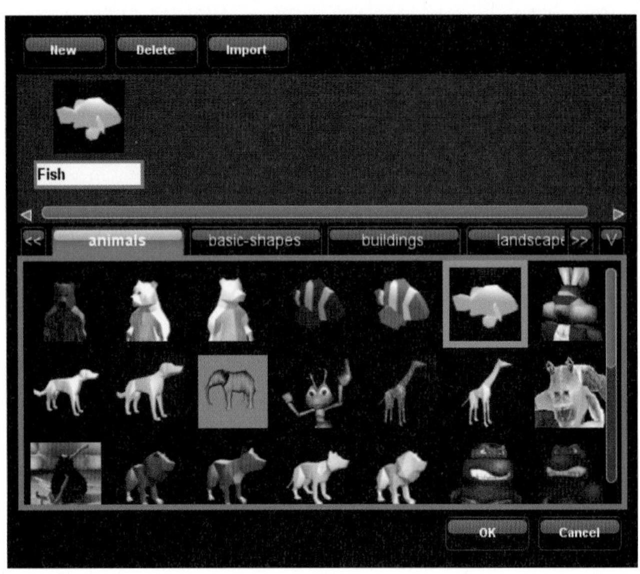

● 캔버스 왼쪽 위에 있는 Edit Breeds 버튼을 클릭한다. animals 탭에서 흰색 물고기를 선택하고, 개체군 이름을 'Fish'로 입력한다. 참고로 여기서 흰색은 물고기의 기본 색상이고, 추후 명령어 블록을 통해 다양한 색상으로 변경이 가능하다.

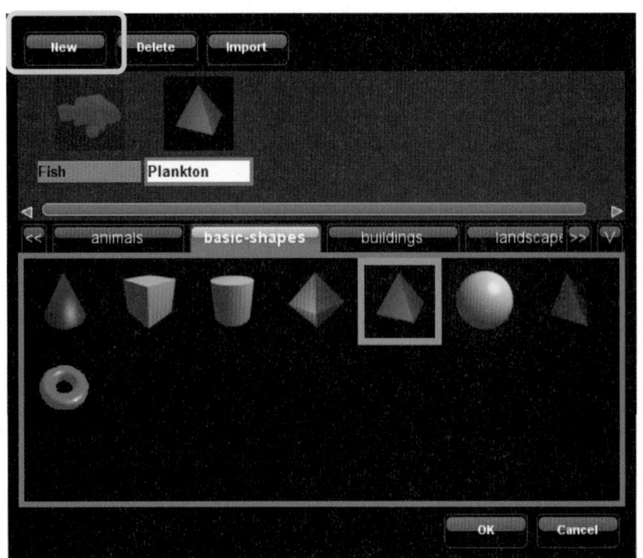

● 이제 New 버튼을 눌러 새로운 개체군을 추가한다. basic-shapes 탭에서 삼각뿔 도형을 선택한 다음 이름을 'Plankton'으로 바꾼다.

1-2. 스페이스랜드 배경에 이미지 삽입하기

스페이스랜드의 바닥은 기본적으로 녹색이지만, 여기서는 새 이미지를 삽입해 바닷속처럼 보이도록 만들고자 한다. 먼저 인터넷을 이용해 바다를 표현하기에 적절한 이미지를 찾아 저장한 다음, 그 위치를 기억해 둔다.

- 스페이스랜드에 배경 이미지를 삽입하려면 스페이스랜드 하단에 있는 Drawing 탭을 클릭해야 한다. 그다음, 왼쪽 아래에 있는 Image 버튼을 클릭하면 Browse for new Image 버튼이 나타난다. 이 버튼을 누르면 자신이 원하는 이미지를 불러올 수 있다.

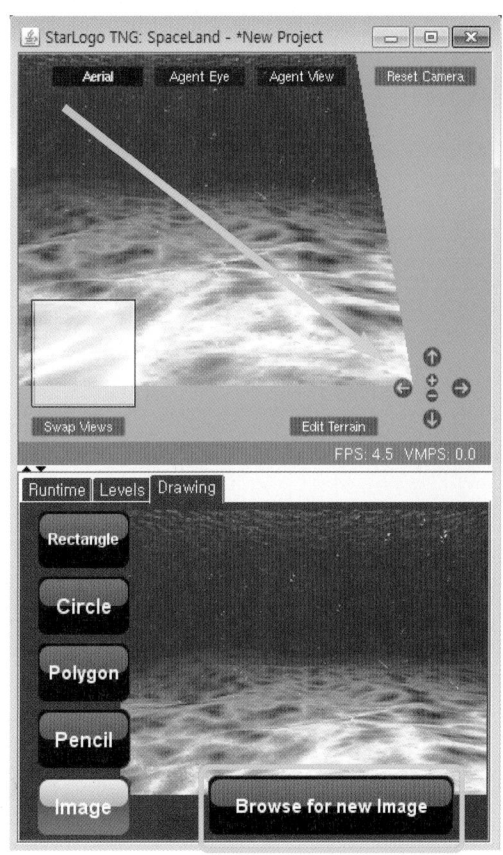

- 자신이 원하는 이미지를 선택했다면, 이제 스페이스랜드에 해당 이미지를 넣어 주어야 한다. 마우스 커서를 스페이스랜드로 가져가서 자신이 이미지를 삽입하고자 하는 영역만큼 드래그를 한다. 만약 바닥 전체를 선택하고자 한다면, 스페이스랜드의 줌을 최대한 멀리하는 것이 좋다.

● 이제 Edit Terrain 기능을 이용해 스페이스랜드 바닥을 바닷속처럼 꾸며 본다. 아래 그림처럼 여기저기 골짜기와 언덕을 만들어 본다. 상세한 설명은 3장 3절 61쪽에 있다.

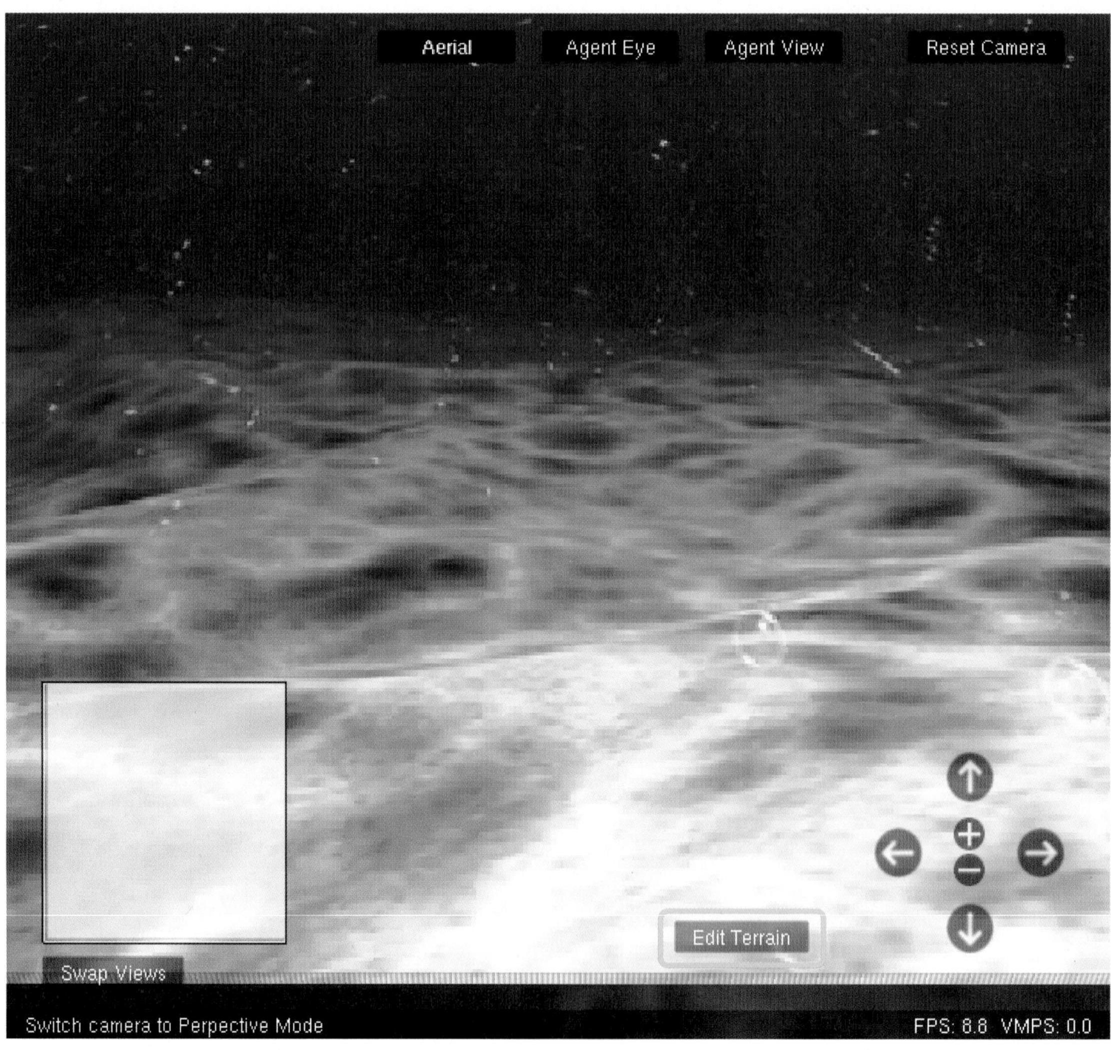

2절 물고기와 플랑크톤 생성하기

변수 활용과 setup 설정

가상의 바닷속에는 플랑크톤 1,000마리와 작은 물고기 150마리, 큰 물고기 2마리가 살고 있다. 이 개체들은 각각 고유한 에너지값을 가지고 있으며, 고유의 크기와 색깔 등 다양한 속성을 가지고 있다. 이 상황을 설정해 주려면 어떻게 해야 할까? setup 블록을 이용해 프로그램의 시작상황을 저작해 본다.

2-1. 물고기에게 변수 부여하기

여기서는 본격적으로 시작상황을 만들기 전 Fish 개체군에게 변수를 부여한다. 이 프로그램에서 물고기들은 species와 energy라는 변수를 가지게 된다. 이 두 가지 변수는 프로그램에서 대단히 중요한 역할을 하기 때문에 꼭 기억해 두어야 한다. 변수 기능에 대한 상세한 설명은 5장 4절 124쪽을 참조한다.

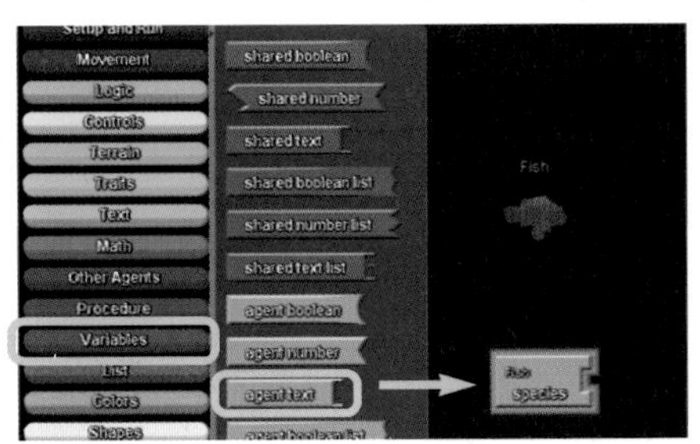

- Fish 캔버스로 간다. 그다음, Variables 도구상자에서 agent text 블록을 꺼낸다. 그리고 이름을 'species'로 바꾼다. 이 변수는 물고기를 큰 물고기와 작은 물고기 두 종류로 나눠 주기 위해 필요하다.

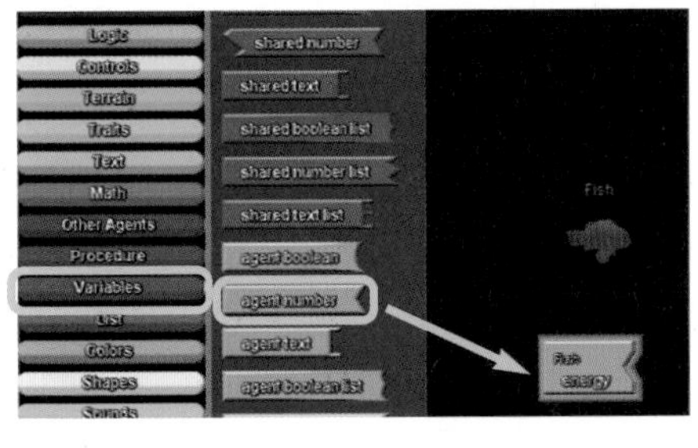

- 또 Fish 캔버스에 Variables 도구상자에서 agent number 블록을 꺼내 이름을 'energy'로 바꾼다. 이 변수는 물고기마다 각각 고유의 에너지값을 갖도록 하기 위해 필요하다. 이 값이 증가하거나 감소함에 따라 물고기가 죽음을 맞이 하거나 번식하도록 만들 수 있다.

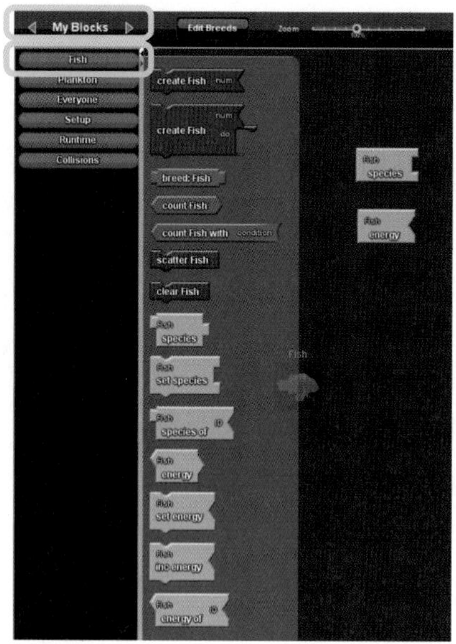

● 이제 My Blocks의 Fish 도구상자를 열어 본다. 방금 Fish에게 부여한 species와 energy 관련 블록들이 생성되어 있을 것이다. 이 블록들은 앞으로 계속 꺼내 쓸 것이므로 위치를 잘 기억해 둔다.

메모 기능에 대해서 알아 둡시다

스타로고 프로그램을 만들다 보면 자신이 만든 블록이 무엇을 뜻하는지, 또 활용 의도는 무엇인지 기록해야 할 때가 있다. 이때 블록에 메모를 삽입할 수 있는 메모 기능을 활용할 수 있다.

● 메모 삽입: 해당 블록에 마우스를 놓고 오른쪽 버튼을 클릭하면 Add Comment 버튼이 나타난다. 이것을 클릭하면 노란색 메모지가 나타나며, 여기에 메모를 남길 수 있다. 이 메모지의 테두리를 마우스 왼쪽 버튼으로 클릭해서 선택한 후 이리저리 드래그하면 메모의 위치를 옮길 수도 있다.

● 메모 보기와 숨기기: 메모를 삽입하면, 블록 좌측 상단에 노란색의 물음표가 생성된다. 이것을 클릭하면 메모를 볼 수 있고, 다시 클릭하면 메모를 숨길 수 있다.

2-2. 물고기 생성하기

여기서는 2-1절에서 부여한 변수들을 활용해 본격적으로 setup 블록을 만들어 본다. 3장부터 5장까지 배운 내용을 떠올리며, 다음 그림과 같이 차근차근(①~④) 저작해 본다.

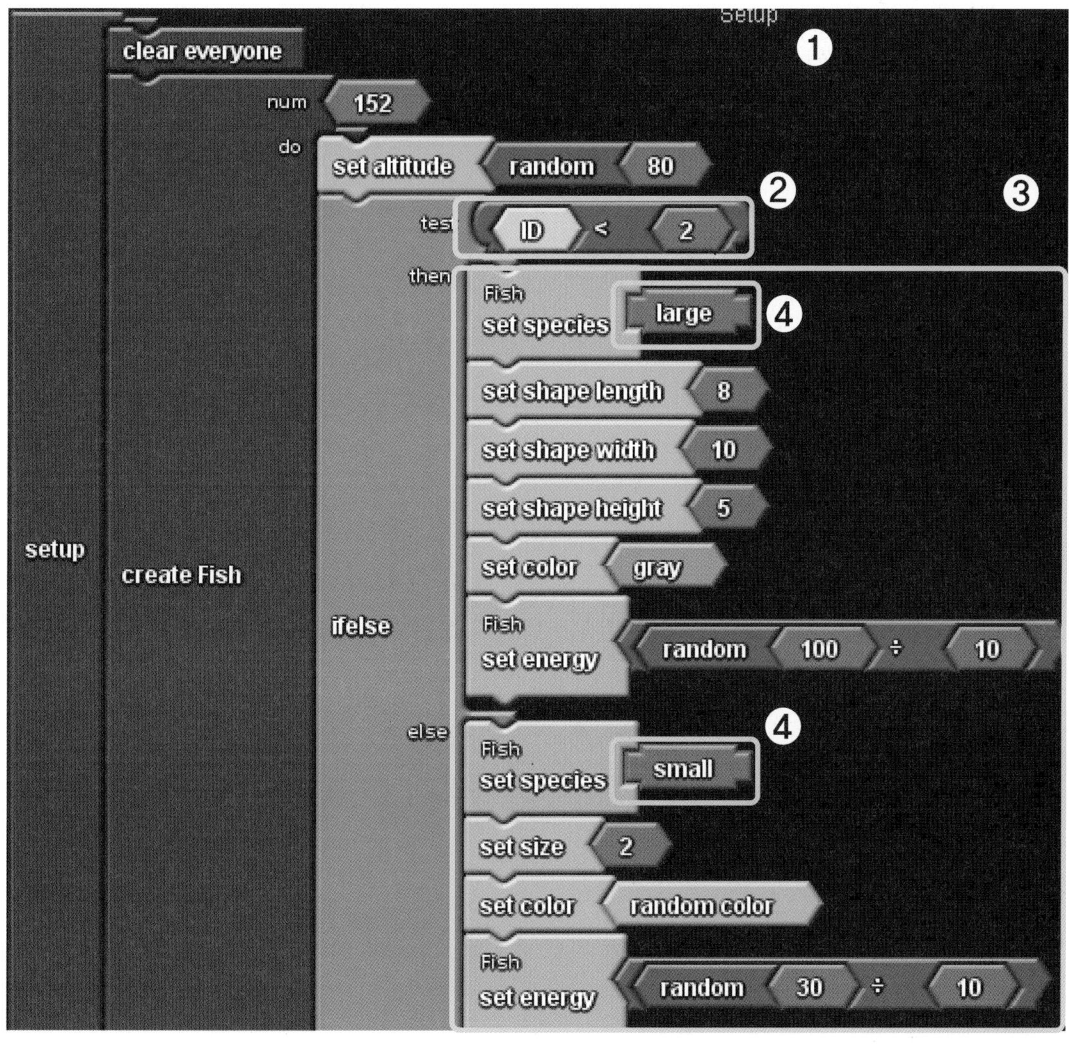

① 반드시 setup 캔버스를 사용해야 한다. create Fish 블록은 My Blocks 팔레트 Fish 도구상자에 있다.

② ifelse 블록의 test 조건은 물고기 종류를 큰 물고기와 작은 물고기로 나누기 위한 것이다. 이 조건에 따르면 스페이스랜드에 생성되는 개체의 ID 번호가 0번과 1번인 경우 큰 물고기가 되고, 나머지는 작은 물고기로 태어난다.

③ set color 블록, set size 블록 등은 모두 Trait 도구상자에 있다. 그러나 set species 블록과 set energy 블록은 2-1절에서 부여한 변수와 관련된 블록들이다. 때문에 My Blocks 팔레트에 있는 Fish 도구상자에 있다.

④ set species 블록 옆의 텍스트는 Text 도구상자에 있는 abc 블록을 꺼내 이름을 바꾼 것이다. 앞 쪽의 그림처럼 'large' 와 'small' 로 텍스트를 바꿔 준다.

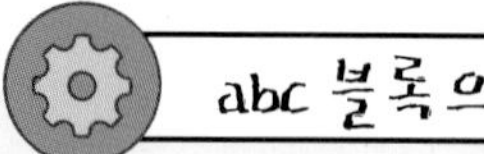

abc 블록으로 텍스트 입력하기

개체가 특정 텍스트를 말풍선으로 표현하도록 만들거나 텍스트로 된 변수를 가지도록 하려면 abc 블록을 이용하면 된다. abc 블록은 Text 도구상자에 있으며, abc라고 쓰인 부분을 클릭하면 마음대로 텍스트를 바꿀 수 있다.

2-3. 플랑크톤 생성하기

여기서는 플랑크톤을 생성하기 위한 구체적인 조건을 만들어 본다. 2-2절에서 만든 setup 블록 아래에 다음과 같이 블록을 덧붙여 준다.

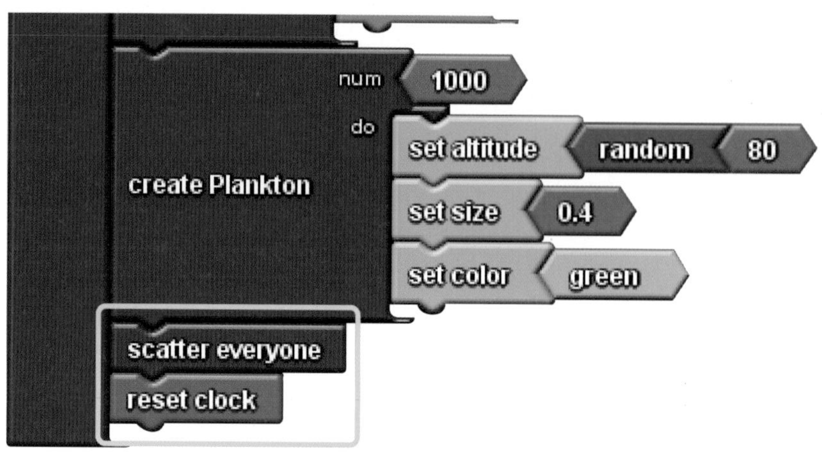

- 마지막에 scatter everyone 블록과 reset clock 블록을 반드시 덧붙여 준다. scatter everyone 블록이 빠지면 처음 시작할 때 모든 개체가 스페이스랜드 한가운데에 뭉쳐 있게 된다. 또 reset clock 블록은 나중에 그래프를 초기화시켜 주기 위해 필수적인 블록이다.

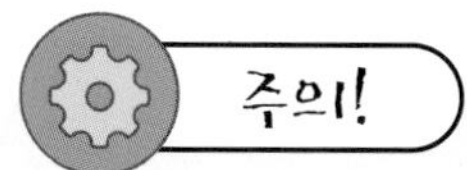

이 프로그램에는 복잡한 수식들이 다수 등장한다. 수식들이 조금이라도 달라지면 모의실험 결과가 달라질 수 있으니 주의해야 한다.

- 이제 스페이스랜드 아래에 있는 setup 버튼을 눌러 본다. 다음 그림처럼 환상적인 바다 세계가 만들어진다면 성공이다.

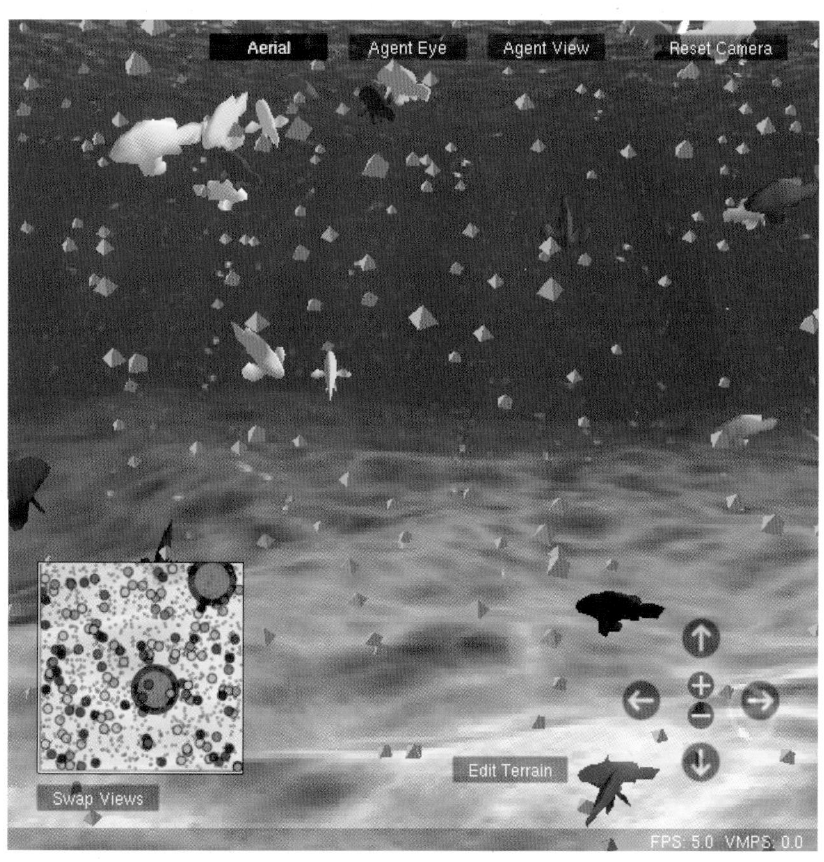

3절 물고기의 생애 저작하기

Procedure 블록 활용

지금까지 바닷속 생태계를 위한 시작상황을 만들었다. 지금부터는 바다 생명체들이 활동하면서 번식하고 소멸하는 과정을 Procedure 블록을 통해 저작하고자 한다. 먼저 물고기부터 시작해 본다. 물고기의 생애는 'move' 'die' 'reproduce' 라는 세 덩어리의 블록 모듬으로 표현할 수 있다.

3-1. 물고기 움직임 만들기

먼저 move 블록 모듬을 만들어 본다. 큰 물고기와 작은 물고기의 움직임을 따로 지정해야 하고, 물고기들이 움직이면서 서서히 자신이 가진 에너지를 소비하도록 해야 한다. 다음 그림과 같이 차근차근(①~⑥) 저작해 본다.

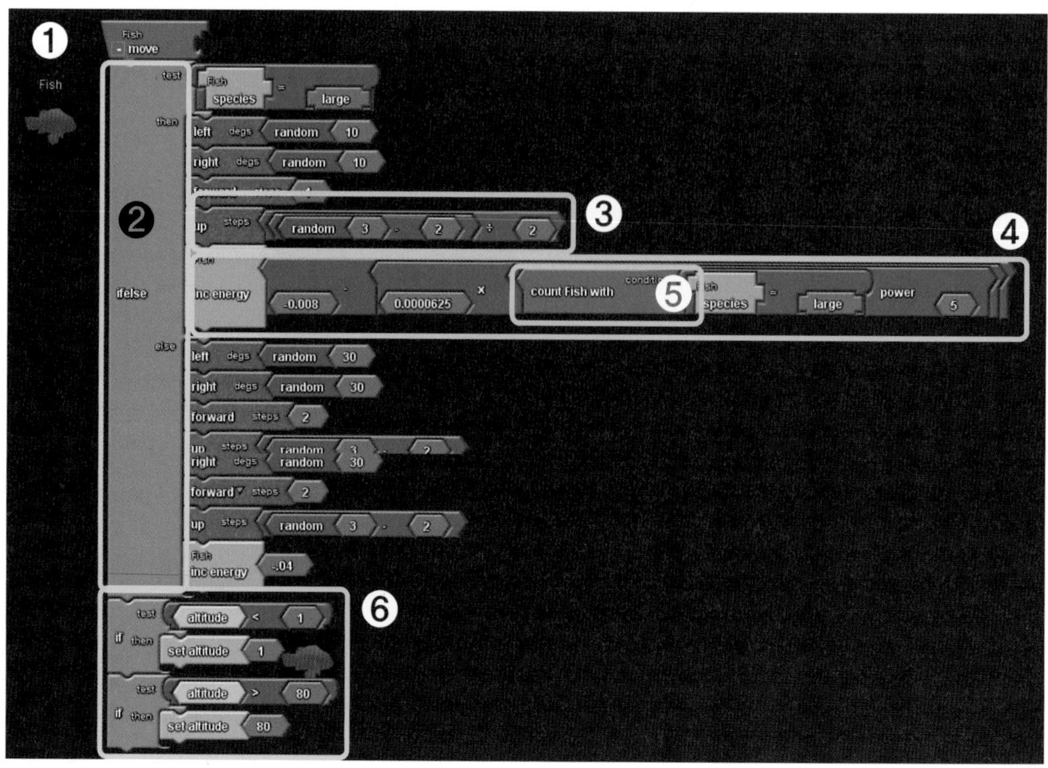

① 반드시 Fish 캔버스를 사용해야 한다. 여기에 Procedure 블록을 꺼낸 뒤 이름을 'move'로 바꾼다.

② ifelse 블록을 사용한 이유는 큰 물고기와 작은 물고기의 움직임을 따로 지정해 주기 위해서다. then에 있는 블록들은 큰 물고기의 움직임을 나타내고, else에 있는 블록들은 작은 물고기의 움직임을 나타낸다. test 조건에 있는 species 블록은 My Blocks 팔레트에 있는 Fish 도구상자에서 찾을 수 있다.

③ up 블록은 물고기들이 바닷속에서 위아래로 자유롭게 헤엄칠 수 있도록 한다.

④ inc energy 블록은 My Blocks 팔레트에 있는 Fish 도구상자에 있으며, 여기서는 물고기가 움직이면서 서서히 에너지를 소모하도록 한다. inc energy 블록 옆에 있는 복잡한 수식은 스타로고 홈페이지에서 제공한 관련 프로그램에서 참고한 수식이다. 실제 수식은 $-0.008-\{0.0000625\times(\text{큰 물고기 수})^5\}$ 이다. 수식이 잘못 입력되면 모의실험이 잘못될 수 있으므로 주의해야 한다.

⑤ count Fish with 블록은 현재 큰 물고기의 수를 나타내기 위해 사용되었다. 이 블록은 My Blocks 팔레트에 있는 Fish 도구상자에 있다.

⑥ 가장 아래에 있는 if 블록 모둠 두 덩어리는 물고기들이 일정한 수직 높이 이상을 벗어나지 않게 하기 위한 것이다. 이렇게 하면 모든 물고기가 수직높이 1부터 80 사이에서 헤엄치게 된다.

3-2. 물고기의 죽음

여기서는 물고기의 에너지값이 0 이하가 되었을 때 물고기가 소멸되도록 만든다. 다음 그림과 같이 차근차근(①~③) 저작해 본다.

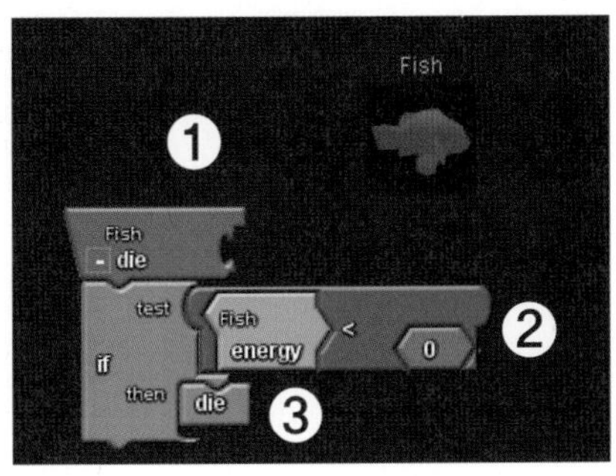

① 역시 Fish 캔버스를 사용한다. 여기에 Procedure 블록을 꺼낸 뒤 이름을 'die'로 바꾼다.

② if 블록의 test 조건을 만들 때 energy 블록은 My Blocks 팔레트에 있는 Fish 도구상자에서 찾을 수 있다.

③ die 블록은 해당 개체를 스페이스랜드에서 사라지도록 해 주는 블록으로 Logic 도구상자에 있다.

3-3. 물고기의 번식

여기서는 hatch 블록과 if 블록을 응용해 물고기가 에너지를 충분히 얻었을 때 새끼를 낳을 수 있도록 설정한다. 작은 물고기는 에너지값이 3을 초과할 때 2마리의 새끼를 낳고, 큰 물고기는 10을 초과할 경우 1마리의 새끼를 낳는다. 또 새끼를 낳을 때 물고기는 일정량의 에너지를 소모한다. 다음 그림과 같이 차근차근(①~⑥) 저작해 본다.

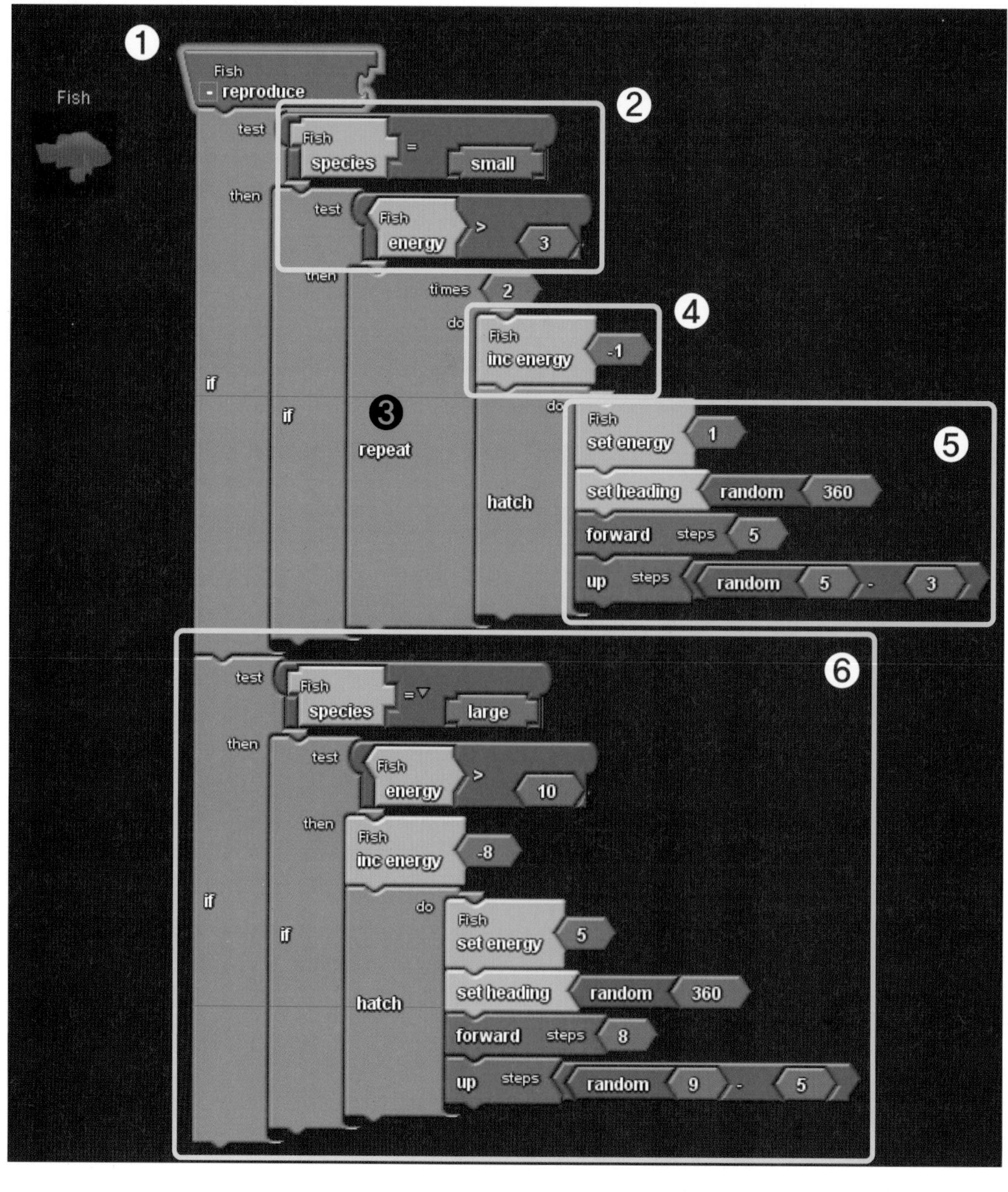

① Fish 캔버스에 또 하나의 Procedure 블록을 꺼낸 뒤 이름을 'reproduce'로 바꾼다.

② 앞의 그림처럼 if 블록을 여러 번 활용하면 복잡한 현상을 저작할 수 있다. species 블록이나 energy 블록은 모두 My Blocks 팔레트에 있는 Fish 도구상자에 있다.

③ repeat 블록은 작은 물고기가 새끼를 두 마리 낳도록 하기 위해서 필요하다.

④ inc energy 블록은 새끼를 낳는 어미 물고기의 에너지가 감소하도록 하기 위해 사용되었다. My Blocks 팔레트에 있는 Fish 도구상자에서 찾을 수 있다.

⑤ hatch 블록 옆에 있는 블록 모둠은 새로 태어난 새끼의 속성을 설정하기 위한 것이다. set energy 블록은 My Blocks 팔레트에 있는 Fish 도구상자에 있고, set heading 블록은 Traits 도구상자에 있다.

⑥ 큰 물고기의 번식 조건을 설정하는 방법은 작은 물고기와 동일하다. 단, 큰 물고기는 새끼를 한 마리만 낳기 때문에 repeat 블록을 활용할 필요가 없다.

4절 | 플랑크톤의 생애 저작하기

Procedure 블록 활용

이제 플랑크톤의 움직임과 번식 조건을 저작할 차례다. 플랑크톤은 천천히 물속을 떠다니면서 일정 조건에 따라 스스로 번식한다. 이 과정은 'drift'와 'multiply'라는 블록 모둠으로 나타낼 수 있다.

4-1. 플랑크톤 움직임 만들기

여기서는 플랑크톤이 아주 천천히 물속을 떠다니도록 만든다. 다음 그림과 같이 차근차근(①~②) 저작해 본다.

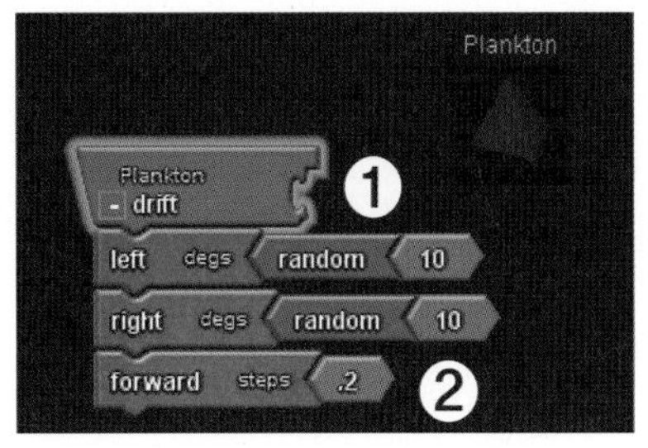

① 이번에는 반드시 Plankton 캔버스를 이용해야 한다. 여기에 Procedure 블록을 꺼낸 뒤 이름을 'drift'로 바꾼다.

② forward 블록 옆의 steps를 0.2로 입력한 이유는 플랑크톤이 아주 천천히 바닷속을 떠돌도록 하기 위해서다.

4-2. 플랑크톤의 증식

여기서는 특정 조건을 만족할 때마다 플랑크톤 개체 수가 늘어나도록 한다. 다음 그림과 같이 차근차근(①~④) 저작해 본다.

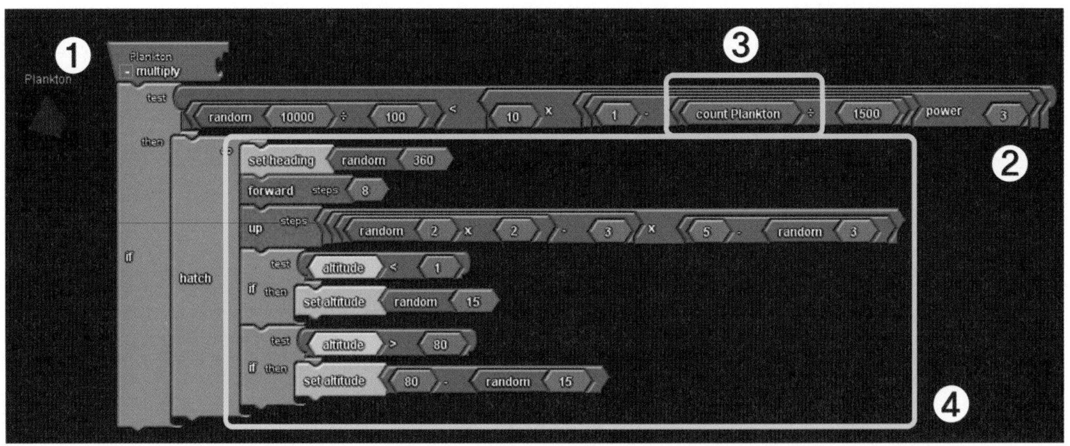

① 역시 Plankton 캔버스를 이용해야 한다. 여기에 Procedure 블록을 꺼낸 뒤 이름을 'multiply'로 바꾼다.

② if 블록 test 조건 옆에 있는 복잡한 수식은 스타로고 홈페이지에서 제공한 관련 프로그램에서 참고한 수식이다. 실제 수식은 (임의값 10000÷100)<{10×(1−플랑크톤 수÷1500)^{3}}이다. 수식이 잘못 입력되면 모의실험이 잘못될 수 있으므로 주의해야 한다.

③ count Plankton 블록은 현재 플랑크톤의 수를 나타내기 위해 사용되었다. 이 블록은 My Blocks 팔레트에 있는 Plankton 도구상자에 있다.

④ hatch 블록 오른쪽 블록들은 새로 태어난 플랑크톤의 속성을 설정해 주기 위한 것이다. 제일 아래에 있는 if 블록 두 개는 플랑크톤이 일정한 수직 높이 범위 안에서만 활동하도록 해 준다.

5절 먹이사슬 저작하기

Collision 블록 활용

바다 생태계는 서로 먹고 먹히는 먹이사슬 관계로 이루어져 있다. 예를 들면, 큰 물고기는 작은 물고기를 잡아먹고, 작은 물고기가 플랑크톤을 잡아먹는다. 이러한 먹이사슬을 어떻게 스페이스랜드에서 구현할 수 있을까? 여기서는 Collision 블록을 이용해 플랑크톤과 작은 물고기, 큰 물고기 사이의 먹이사슬을 만들어 본다.

5-1. 플랑크톤과 작은 물고기의 먹이사슬

여기서는 작은 물고기가 플랑크톤을 잡아먹는 상황을 만든다. 작은 물고기가 플랑크톤과 부딪히면, 플랑크톤은 사라지고 작은 물고기는 1만큼 에너지를 얻는다. 다음 그림과 같이 차근차근 (①~③) 저작해 본다.

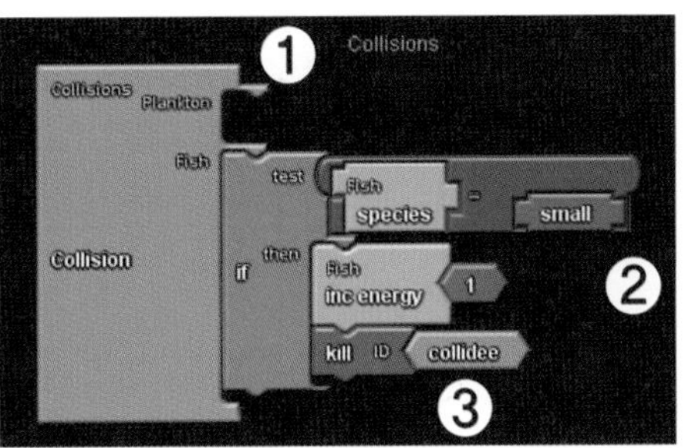

① 반드시 Collisions 캔버스를 이용해야 한다. 여기에 My Blocks 팔레트에 있는 Collisions 도구상자에서 Collision 블록을 꺼낸다. 이때 반드시 Collision 블록 오른쪽에 Plankton과 Fish가 적혀 있는 블록을 꺼내야 한다.

② if 블록 조건문을 만들 때 species 블록과 inc energy 블록은 My Blocks 팔레트에 있는 Fish 도구상자에 있다. inc energy 블록은 플랑크톤과 부딪힌 작은 물고기가 에너지를 1만큼 얻도록 해 준다.

③ kill 블록은 특정 ID 번호를 가진 개체를 사라지게 하는 블록으로 Other Agent 도구상자에 있다. 여기서는 작은 물고기와 충돌한 상대편을 없어지게 해야 하므로, Other Agents 도구상자에서 collidee 블록을 꺼내 활용한다.

5-2. 작은 물고기와 큰 물고기의 먹이사슬

여기서는 큰 물고기가 작은 물고기를 잡아먹는 상황을 저작한다. 작은 물고기가 큰 물고기와 부딪혔을 때 잡아먹힐 확률은 최대 5%이다. 또 작은 물고기를 잡아먹은 큰 물고기는 일정량의 에너지를 획득한다. 그러나 큰 물고기끼리는 서로를 잡아먹을 수 없다. 다음 그림과 같이 차근차근(①~④) 저작해 본다.

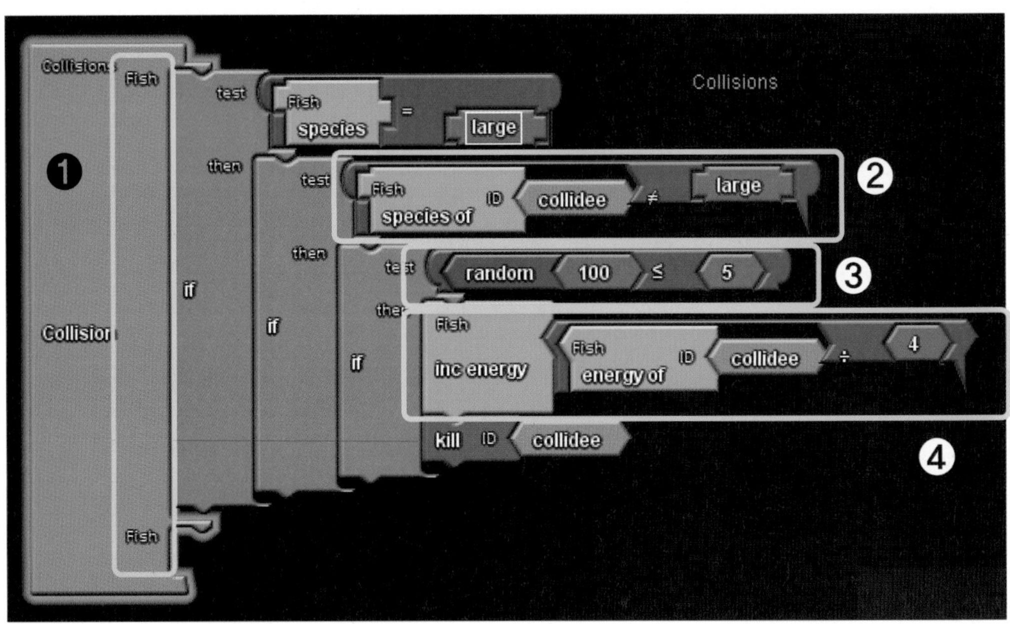

① Collisions 캔버스에 또 다른 Collision 블록을 꺼낸다. 이때 해당 Collision 블록 오른쪽에 Fish와 Fish가 적혀 있어야 한다.

② 두 번째 if 블록에 있는 test 조건은 큰 물고기끼리 서로 잡아먹지 못하게 하기 위해 사용되었다.

③ 세 번째 if 블록에 있는 test 조건은 5%로 이하의 확률로 then 이하의 사건이 일어나도록 하기 위한 것이다. 상세한 설명은 5장 2절 115쪽을 참조한다.

④ inc energy 블록은 큰 물고기가 작은 물고기를 잡아먹고, 잡아먹힌 물고기가 가졌던 에너지값의 4분의 1만큼 에너지를 얻도록 한다. 또한 species 블록, species of 블록, inc energy 블록, energy of 블록은 모두 My Blocks에 있는 Fish 도구상자에 있다.

6절 | 동해 생태계 관찰하기

line graph 블록 활용

드디어 바닷속에 사는 물고기와 플랑크톤의 움직임 및 여러 속성과 먹이사슬 관계가 모두 만들어졌다. 지금까지 만든 Procedure 블록들이 실제로 스페이스랜드에서 실행되도록 만들고, 그 결과를 선 그래프를 통해 관찰해 본다.

6-1. 실행 블록 만들기

여기서는 각 캔버스에 만들어 둔 여러 procedure를 forever 블록에 결합해 실제로 스페이스랜드에서 실행되도록 한다. 다음 그림과 같이 차근차근(①~②) 저작해 본다.

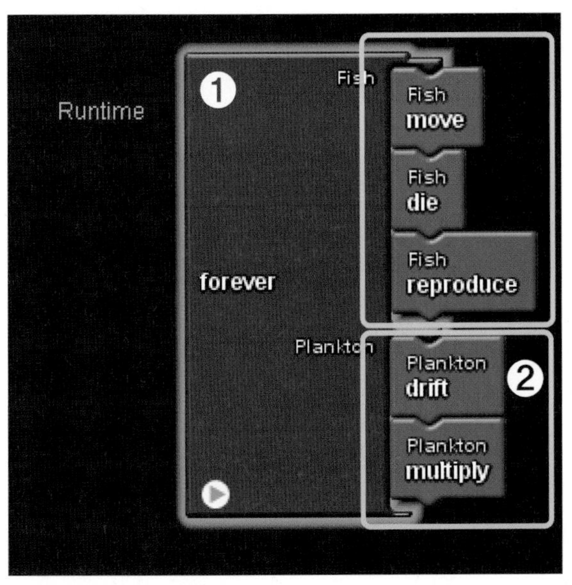

① 실행 블록들은 Runtime 캔버스를 사용해야 한다. Setup and Run 도구상자에서 forever 블록을 꺼낸다.

② 지금까지 만든 모든 procedure를 꺼내 왼쪽 그림처럼 배치한다. 6장 3절과 4절에서 만든 procedure 블록은 모두 My Blocks에 있는 Fish 도구상자와 Plankton 도구상자에서 불러올 수 있다.

- 이제 스페이스랜드 아래에 forever 버튼이 생긴다. 이 버튼을 누르면 프로그램이 제대로 실행되는지 확인할 수 있다.

6-2. 개체 수를 그래프로 나타내기

여기서는 물고기와 플랑크톤의 숫자 변화를 line graph 블록을 통해 선 그래프로 나타낸다. 다음 그림과 같이 차근차근(①~②) 저작해 본다.

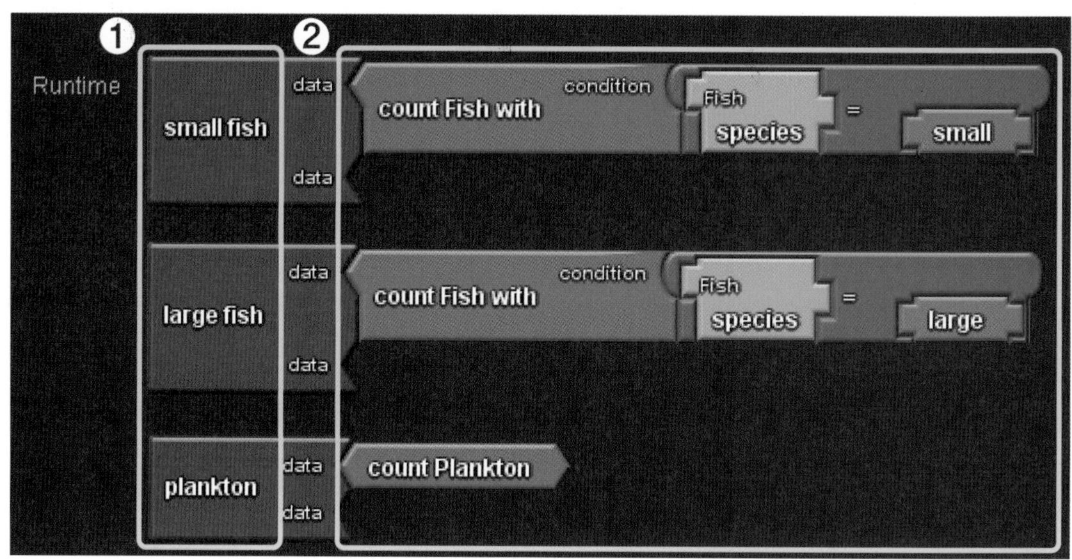

① Runtime 캔버스를 이용한다. Setup and Run 도구상자에서 line graph 블록을 세 개 꺼낸 다음, 이름을 위 그림처럼 'small fish' 'large fish' 'plankton' 으로 바꿔 준다.

② count Fish with 블록과 species 블록은 My Blocks 팔레트에 있는 Fish 도구상자에 있고, count Plankton 블록은 My Blocks 팔레트에 있는 Plankton 도구상자에 있다. 각 블록을 찾아 위 그림처럼 배치한다.

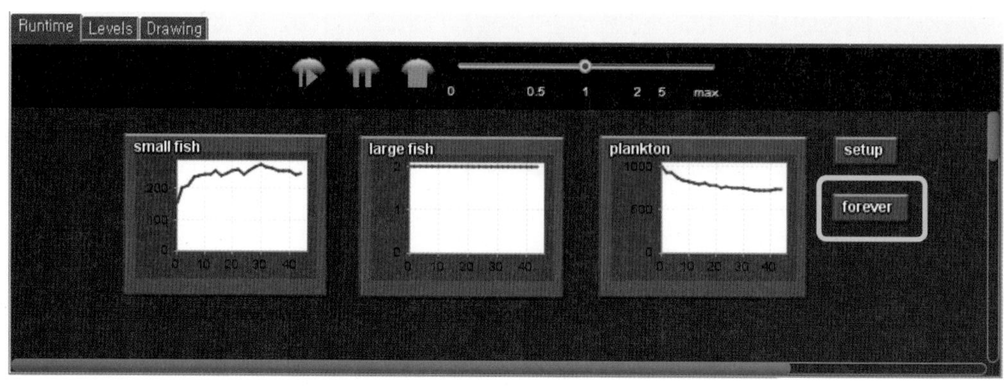

- 스페이스랜드 아래에 보면 이제 각 개체군의 개체 수를 보여 주는 그래프가 생성되었을 것이다. forever 버튼을 클릭해 그래프가 제대로 작동하는지 확인해 본다.

6-3. 그래프 관찰하기

드디어 바다 생태계가 완성되었다. 스페이스랜드 아래에 있는 setup 버튼을 눌러 프로그램을 초기화시킨 다음, forever 버튼을 눌러 어떤 일들이 벌어지는지 감상해 본다.

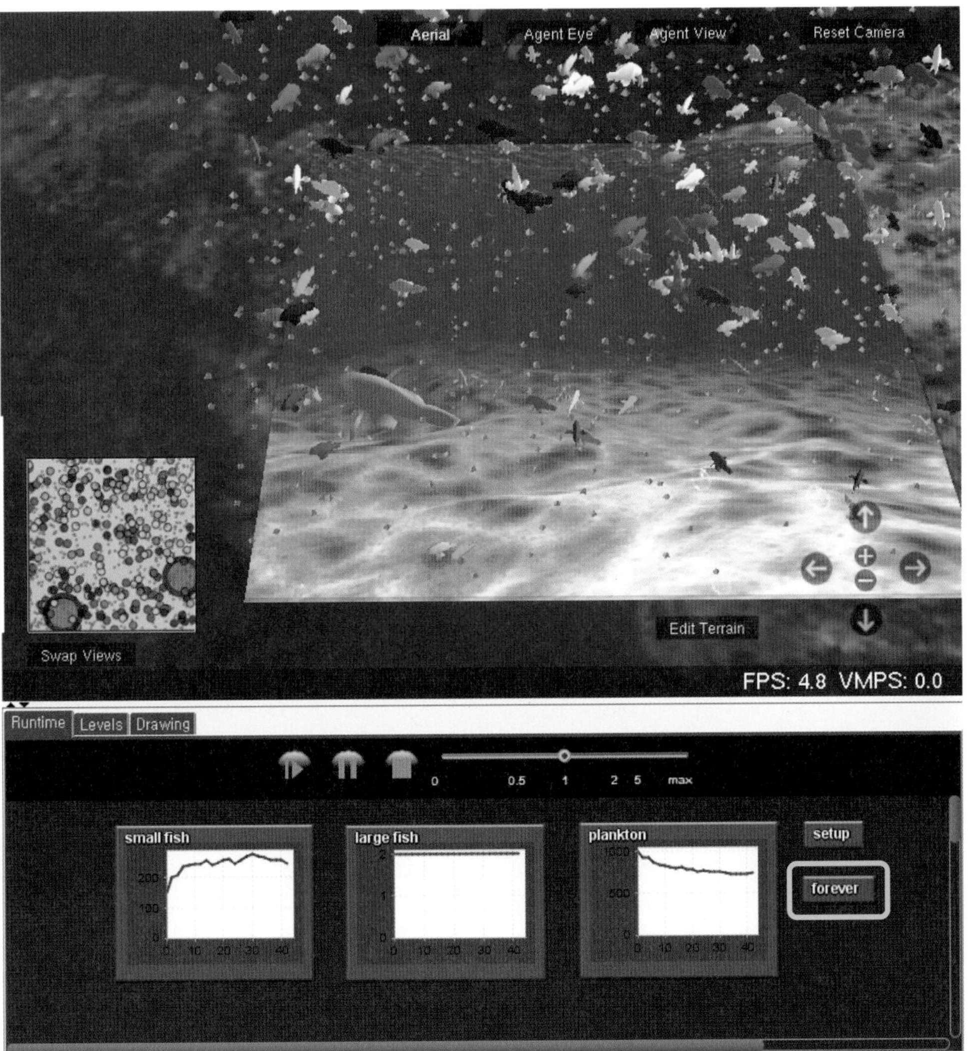

- 스페이스랜드 아래에 있는 바를 조절하면 프로그램 실행 속도를 조절할 수 있다. 자세하게 관찰하고 싶으면 실행 속도를 늦춰 본다. 또 오랜 시간이 흐른 뒤 어떤 일이 일어나는지를 알기 위해서는 실행 속도를 최대한 빠르게 해 본다.

6장에서 만든 동해 생태계 프로그램은 실제 생태학적 지식을 응용해 만든 정교한 프로그램입니다. 물고기나 플랑크톤의 속성이나 먹이사슬 관계를 표현하기 위해 활용된 수식들은 실제적인 원리를 바탕으로 한 것이기 때문에 조금만 어긋나도 생태계의 균형이 무너지게 됩니다. 이처럼 스타로고는 실제 교과서에 등장하는 원리나 학자들의 연구 결과를 바탕으로 정교한 모의실험을 수행할 수 있게 합니다. 이 과정을 통해서 복잡한 자연현상이나 사회현상을 심도 있게 이해할 수 있습니다. 7장에서는 스타로고를 통해 얼마나 많은 일이 가능한지를 살펴보겠습니다.

혼자 해 보기 한 걸음

다음 저작 내용 중 굵은 테두리 안의 블록들을 살펴보고, 아래 질문들에 대해 답해 보자.

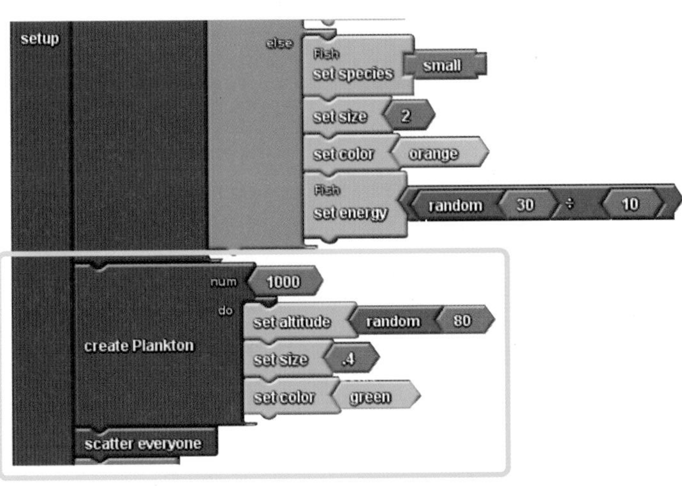

1) 이 블록들은 어느 캔버스에서 찾을 수 있을까?

2) set alititude 블록은 어떤 기능을 할까?

3) scatter everyone 블록은 어떤 기능을 할까?

4) 런타임박스의 setup 버튼을 눌렀을 때, Plankton 개체군은 어떻게 초기 설정될지 아래 괄호를 채워 보시오.

setup 버튼을 누르면, Plankton 개체군 (　　　　)마리가 스페이스랜드에 생성된다. (　　　)은/는 80 이내에서 랜덤으로 설정되고, 개체 크기는 (　　　), 색상은 (　　　)(으)로 설정된다. scatter everyone 블록에 의해 개체들은 화면상에 (　　　) 된다.

혼자해 보기 두 걸음

다음 그림의 블록들을 살펴보고, 질문들에 답해 보자.

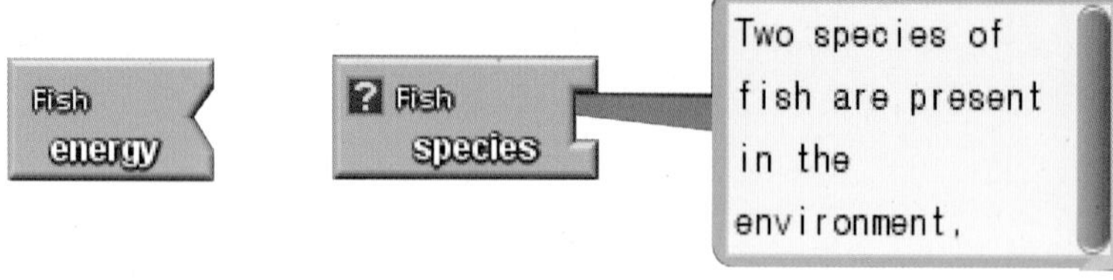

1) 이 블록들은 어느 캔버스에서 찾을 수 있을까?

2) energy 블록과 species 블록의 원래 이름은 무엇인가? 어떤 도구상자에서 찾을 수 있을까?

3) 두 블록의 기능상 차이점을 말해 보시오.

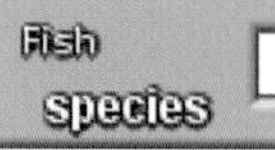

7장 스타로고 교육공학

실제 교육 현장에의 체계적 활용

지금까지 스타로고에 대해 배우고 체험해 보았습니다.
스타로고는 삼차원 가상세계까지 쉽게 저작할 수 있는 유용한 도구입니다.
이는 특히 학습자에게 실제와 유사한 경험을 제공하므로 효과적이며 재미도 있습니다.
그렇다면 실제 교육 현장에서 스타로고를 체계적으로 활용하는
이른바 스타로고 교육공학 방안은 무엇일까요?

◈ 생각해 보기

실제 교육 현장에서 구체적으로 스타로고를 어떻게 활용할 수 있을까? 여기서는 지금까지의 실습체험을 바탕으로 스타로고의 교육적 활용 방안에 대해 체계적으로 생각해 본다.

◈ 해 보기

- 스타로고가 교과별로 어떻게 적용될 수 있는지 그 방안에 대해 모색해 본다.
- 스타로고를 활용한 프로그래밍 교육은 왜 필요하며 그 효과는 구체적으로 무엇인지 검토해 본다.

1절 스타로고와 교과교육

국어교과, 수학교과, 사회교과, 과학교과 등

스타로고를 활용하면 국어, 수학, 사회, 과학 등 해당 교과의 개념이나 원리를 바탕으로 한 게임이나 모의실험을 수업에 활용할 수 있다. 이것은 학생들의 호기심을 자극하고 깊이 있는 학습 참여를 유도한다. 즉, 단순히 저작하는 것을 넘어서 일반 교육용 소프트웨어와 같이 저작 결과물을 교과내용의 학습에 직접 활용할 수 있다. 이처럼 다양한 교과교육 과정에 스타로고를 체계적으로 활용하는 교육공학 방안에 대해 대표적인 교과별로 몇 가지 사례를 제시한다.

1-1. 국어교과

초등학교의 경우 국어교육의 영역은 듣기 · 말하기 · 쓰기 · 읽기로 이루어져 있다. 학생들은 듣기 교육을 통해 청각 훈련을 하고, 말하기 교육을 통해 표현력을 높이며, 읽기 교육을 통해 올바른 독서문화를 형성하게 되고, 마지막으로 쓰기 교육을 통해 체험하고 상상하고 생각하는 것을 논리적인 문장으로 써 낼 수 있는 능력을 배워 나간다. 그러나 국어과의 학습 내용은 때때로 학생들에게 호기심을 자극할 만한 신기한 내용이 아니기 때문에 학습 동기 관점에서 볼 때 내용이 평범하게 느껴질 수 있다. 따라서 수업 이전에 동기유발을 위해 특별한 관심을 기울여야 할 필요가 있으며, 여기에서 스타로고를 유용한 인지도구로 활용할 수 있다.

국어교육 시간에 스타로고를 적용하는 구체적인 방안으로는 '사건을 기록한 글의 특성을 생각하며 글의 내용 정리하기' 라는 주제로 일어난 일을 시간의 순서에 맞게 정리해 보는 활동을 생각해 볼 수 있다. 다음은 '나무를 심은 사람' 이라는 애니메이션 줄거리를 스타로고에 내장되어 있는 예제 프로그램인 'Runaway' 를 이용하여 실제 수업을 진행하는 교수학습 절차이다.

Runaway 프로그램 활용 국어교과 스타로고 교육공학 방안*

절차	교수학습 내용	자료(•) 및 유의점(△)
주의집중 시키기 선수학습 상기시키기 학습목표 알려 주기	• '나무를 심은 사람' 내용이 나타난 그림 제시하기 – 장면을 보고 느낀 점과 예상되는 사건 말하기 • 선수학습 상기하기 – 지난 시간에 공부한 '사건을 기록한 글의 특성' 발표하기 • 학습문제 파악하기 사건을 기록한 글의 특성을 생각하며 글의 내용 정리하기	
학습자료 제시하기 학습 지도하기 수행 유발하기	• '사건의 전개 과정을 생각하며 '나무를 심은 사람' 내용 알아보기 – 노인이 살고 있는 마을은 어떤 곳이었습니까? –'내'가 두 번째 찾아갔을 때 노인은 양 대신 벌을 치고 있었습니다. 그 이유는 무엇입니까? • **스타로고 프로그램**을 실행시켜 '나무를 심은 사람' 이야기에서 일어난 일을 시간의 순서에 맞게 블록 배열하기 ☞ ① 수십 년 전 낯선 지방을 여행함 ② 황무지에서 물을 찾다가 할아버지를 만남 ③ 할아버지는 땅에 구멍을 뚫고 도토리를 심음 ④ 오랜 세월이 흐른 뒤 다시 황무지를 찾아오니 떡갈나무 숲이 조성되어 있었음	• '나무를 심은 사람'(5–1 지도서 144쪽 참고자료) 유인물 • 블록 저작방법이 있는 유인물 △ 학생들이 스타로고를 실행할 때 '부피에'가 처한 상황에 대해 의견을 나누며 학습동기를 높임
되알리기 제공하기	• 학생들이 실행한 스타로고 결과물들을 함께 검토해 보기 ☞ 결과물과 내용 부합 여부 검토 후 개인별 되알리기	
수행 평가하기	• 다음 문장은 이 이야기의 첫부분이자 이 글의 주제이기도 합니다. 빈칸에 알맞은 말을 쓰시오.	

* 교수설계이론 가운데 학습조건 설계이론(D. T. Aronson & L. J. Briggs, 1983; B. Petry, G. Mouton, & C. M. Reigeluth, 1987)을 적용한 교수학습 절차임.

수행 평가하기	〈세상일이란 것은 (　　　)만 봐서는 모르는 거야. 특히 어떤 사람이 정말로 훌륭한 사람인지 아닌지 판단하는 일은 쉬운 게 아니지. 참으로 훌륭한 사람의 업적은 (　　　) 세월이 지난 후에야 비로소 그 참다운 가치가 알려지는 법이란다.〉	• PPT 문제자료 △ 짝토의로 답안을 공동결정하고 제출
파지 · 전이 고양하기	• 사건의 전개 과정을 잘 정리할 수 있는 방법 생각해 보기 – 언제 일어난 일인지 알아본다, 어떤 일이 일어났는지 정리한다, 앞뒤 사건과 어떤 관계가 있는지 파악한다 등	△ 효율적인 사건정리 방법 지도

이 외에도 호응관계에 있는 문장의 첫부분에 이어 적절한 뒷부분이 나오도록 저작하는 활동을 한다거나, 문장의 첫부분을 제시하면 서로 다른 뒷부분 두 가지가 제시되고 그 중에서 적절한 호응관계의 문장이 되도록 선택하는 게임하기 등이 있다. 이와 같이 스타로고는 국어교육에서 교과서를 초월한 흥미로운 대체 자료로서 다각적으로 활용될 수 있다.

1-2. 수학교과

앞서 3장에서 함께 저작했던 도형 그리기를 기억해 보자. 간단한 저작 문제를 해결하기 위해 도형의 개념과 원리를 회상하고 적용해야 했다. 이처럼 수학과 교육에서 스타로고는 일상에서 일어나는 크고 작은 문제들을 해결하기 위해 활용할 수 있으며, 그 유형으로는 크게 모의실험과 저작으로 나눌 수 있다.

먼저 모의실험으로서 구체적인 사례로 표집(sampling)의 수학적 원리를 설명하고자 하는 경우를 들 수 있다. MIT에서 개발한 Polling and Sampling*은 다양한 설문조사 방법들을 통해 통계학을 공부할 때 표집의 개념을 이해하도록 도와준다. 이 모의실험 내용에는 주인공 펭귄과 여러 마리의 거북이 있다. 여기서 각각의 거북은 일정한 비율로 특정 음료를 선호하게 되는데, 학습자는

* Polling and Sampling(http://web.mit.edu/mitstep/content/math-unit.html)

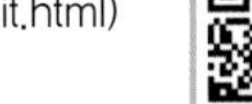

주인공 펭귄이 되어 직접 설문조사를 하면서 다양한 조사 방법에서 결과가 어떻게 나올 수 있는지 기록하게 된다. 즉, 초기에 설정한 선호도와 각 설문조사 방법에 따른 결과를 비교해 보면서 학습자는 수학적 원리를 이해하게 된다. 이밖에 인구밀도나 표본크기 등을 조절하면서 변화를 살펴보는 모의실험도 가능하다.

모의실험이 이미 완성된 프로그램의 활용이라면, 저작은 프로그램을 자기주도적으로 만들어 가며 심화 학습하는 활동이라고 할 수 있다. 그렇기 때문에 학습자가 높은 인지부하로 힘들어하지 않도록 단계적으로 접근하는 것이 중요하다. 예를 들어, 저작 과정에서 문제 파악, 블록의 설계, 수행 및 수정 등을 통해 학습자의 고차적 인지과정을 촉진할 수 있다. 스타로고 저작을 통한 수학과 교수학습의 구체적인 사례로 '각의 크기 비교'를 들 수 있다. 즉, 스타로고로 별 모양을 그리는 저작활동을 통해 각도의 의미를 이해하고 여러 가지 각의 크기를 직관적으로 인식하게 하는 것인데 구체적인 교수학습 절차를 예시하면 다음과 같다.

'별 모양 그리기' 프로그램 활용 수학교과 스타로고 교육공학 방안*

절차		교수학습 내용	자료(•) 및 유의점(△)
연습	문제탐색 (legs.N)	• 우리 주변에서 볼 수 있는 각이 있는 물체는 무엇인가요? – 부채, 문이 열려 있을 때의 각, 창문, 책상의 모서리, 시계의 시침과 분침이 이루는 각 등의 사진자료에서 각이 어떻게 숨어 있으며, 눈으로 보았을 때 어떤 각이 더 큰지 비교하기	• 사진 자료 질문을 통해 본시 학습 주제 안내
	원리발견 (IG.N)	• 종이부채의 두 각 크기 비교하기 – 부채를 펼치거나 접으며 각의 크기를 알아보기 – 각의 크기 차이에 관한 의미를 짐작해 보기 • 각의 크고 작음은 어떻게 비교할 수 있나요? – 눈으로 보고, 투명종이에 그려서, 일정한 크기의 각을 이용해서 등 • 스타로고 블록에 있는 right값을 변화시키는 활동을 통해 별모양을 완성시킬 수 있는 각의 크기 알아보기 – right값을 100, 140, 144로 변화시킴에 따라 별 모양의 완성도에 차이가 있는지 발표하기	• 부채 6개(모둠용) △ 부채 실물자료를 모둠별로 제공하여 구체적 조작 지도 △ 프로그램 실행 후 right값 지정방법 및 pen down 조작 지도

* 교수설계이론 가운데 단위요소 전개이론(M. D. Merrill, 1983 & 1987)을 적용한 교수학습 절차임.

<table>
<tr>
<td></td>
<td>원리발견
(IG.N)</td>
<td>– 차이가 있다, 별 모양이 완성될 수 있는 값이 정해져 있다, 벌어진 정도가 적당해야 별 모양이 완성된다 등
– 별 모양을 완성할 수 있는 right값 결정하기(144)
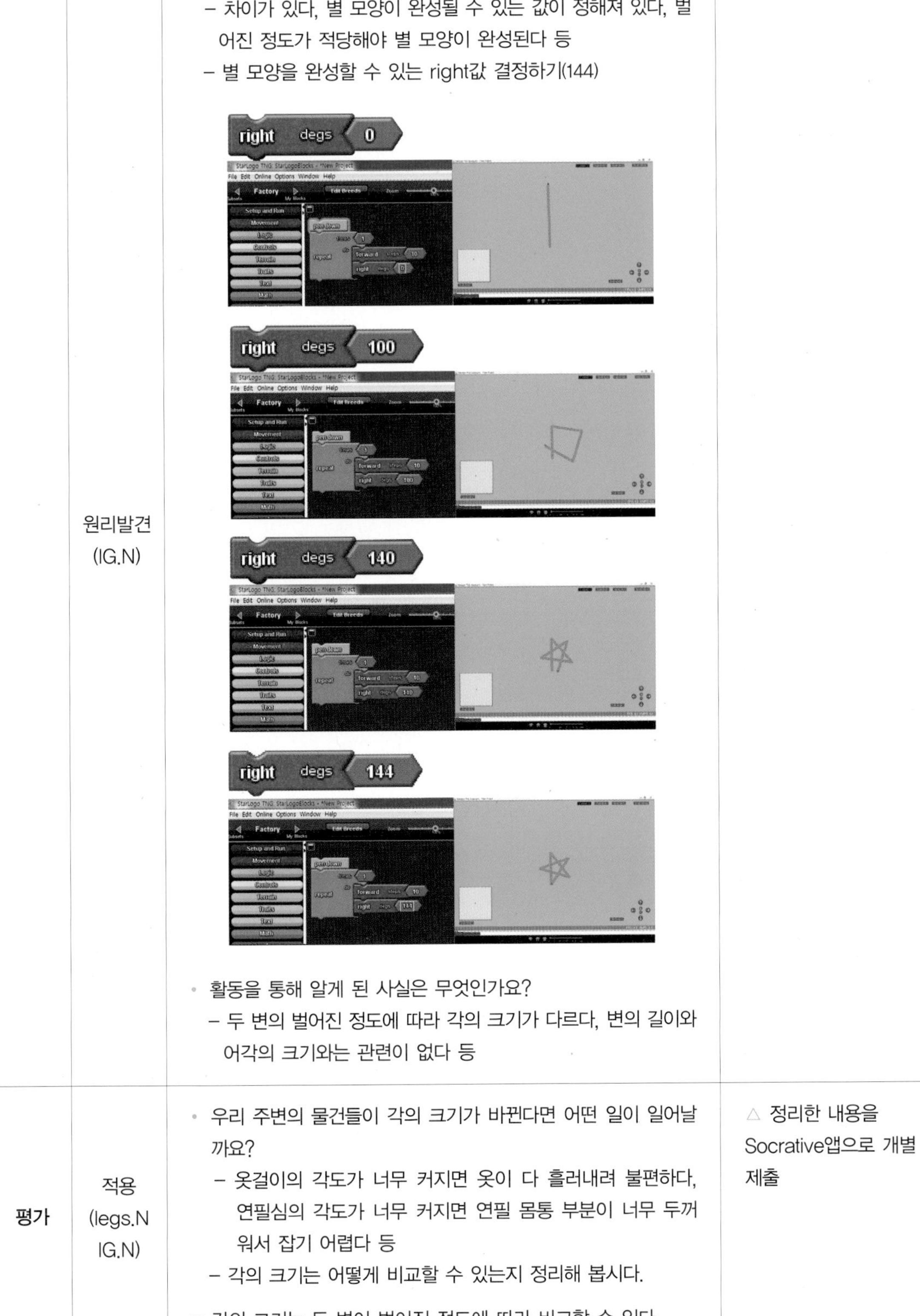

• 활동을 통해 알게 된 사실은 무엇인가요?
– 두 변의 벌어진 정도에 따라 각의 크기가 다르다, 변의 길이와 어각의 크기와는 관련이 없다 등</td>
<td></td>
</tr>
<tr>
<td>평가</td>
<td>적용
(legs.N
IG.N)</td>
<td>• 우리 주변의 물건들이 각의 크기가 바뀐다면 어떤 일이 일어날까요?
– 옷걸이의 각도가 너무 커지면 옷이 다 흘러내려 불편하다, 연필심의 각도가 너무 커지면 연필 몸통 부분이 너무 두꺼워서 잡기 어렵다 등
– 각의 크기는 어떻게 비교할 수 있는지 정리해 봅시다.
☞ 각의 크기는 두 변이 벌어진 정도에 따라 비교할 수 있다.</td>
<td>△ 정리한 내용을 Socrative앱으로 개별 제출</td>
</tr>
</table>

스타로고는 기성 소프트웨어들이 제공하지 못하는 모의실험이나 게임을 학습자가 비교적 쉽게 저작해 볼 수 있는 도구로, 수학교육 현장에서 유용하게 활용될 수 있다. 스타로고를 통해 개발할 수 있는 수학교과 관련 모의실험이나 저작은 무궁무진하며, 이는 학습자에게 다양한 경험을 제공한다는 점에서 매우 유용하다.

1-3. 사회교과

사회교과는 정치, 경제, 역사, 문화, 지리, 철학 등 하나의 체계로 통합될 수 없는 다양한 인문사회 현상을 지도하는 교과다. 그런데 실제 세계의 여러 현상에 대한 관심을 필요로 하는 사회교과에서 요구되는 체험 활동은 사실상 불가능한 경우가 많다. 스타로고를 활용하면 다양한 인문사회 현상을 제어 가능한 변수를 통해 조작해 보게 함으로써 실제 구현이 어렵거나 고비용 또는 비효율성 등에 따른 문제를 해결할 수 있다. 즉, 가능한 실제 사회와 비슷한 환경을 경험하게 하여 사회적 삶에 필요한 사회적 지식과 이를 습득하는 방법을 효과적으로 학습할 수 있게 한다. 예를 들어, 사회과 목표 중의 하나인 민주시민 육성의 지도내용으로서 중학교 1학년 사회과에서 다루는 '지위와 역할' 에 초점을 맞추어 스타로고 교육공학 방안을 생각해 볼 수 있다. 다음은 스타로고에 내장된 예제 프로그램인 'ants'를 활용하여 개미사회의 개체 간 분업과 의사소통 및 지위를 모의실험하면서 학생들이 고차원적인 인간사회의 지위와 역할 및 역할행동을 올바로 이해하게 되는 교수학습 절차이다.

Ants 프로그램 활용 사회교과 스타로고 교육공학 방안 *

절차	교수학습 내용	동기유발요건	자료(•) 및 유의점(△)
개 관	• 본시 수업내용 개략적으로 제시하기 ☞ 우리는 사회 속에서 부모님, 선생님, 친구 등 다른 사람과 많은 관계를 맺으면서 살아가며 각자의 위치와 역할에 따라 다른 행동을 합니다. 이 모습이 바로 상호작용이며 본시 공부를 통해 여러분은 사회적 상호작용과 구성원들의 역할이 무엇을 의미하는지 바르게 이해할 수 있을 것입니다.	주의집중 유도 자신감 형성	△ 학습주제를 함께 강조
관련사례 제시	• 학급에서 학생들이 갖고 있는 지위와 가족들이 현재 갖고 있는 지위를 자유롭게 발표하기(반장 · 부반장, 아버지 · 어머니, 남자 · 여자 등) • 자신이 속한 사회집단에서 맡고 있는 역할을 열거해 보기 • 노력해서 얻은 지위와 저절로 얻게 된 지위를 구분해 보기	주의집중 유도, 관련성 제고	
핵심개념	• 사회집단 내의 지위와 역할 관련 핵심개념 알려 주기 ☞ 개인이 한 사회에서 차지하고 있는 위치는 '지위', 그 위치에서 사회적으로 요구되는 행동 양식은 '역할'입니다. 여기에서 지위는 다시 귀속지위와 업적지위로 나누어 생각해 볼 수 있습니다. 〈지위와 역할〉 가. 지위: 한 개인이 사회에서 차지하는 위치 – 귀속지위: 자연적으로 얻게 되는 지위 – 업적지위: 노력이나 공적에 의해 얻게 된 지위 나. 역할: 사회적 지위에 대하여 기대되는 행동양식 ☞ 지위와 역할의 의미를 명확하게 떠올릴 수 있을 때까지 되풀이해서 읽어 보세요.	주의집중 유도, 자신감 형성, 만족감 제공	• PPT 요약자료 △ 핵심어는 굵게 표시
보충설명	• 귀속지위와 성취지위에 대해 다시 설명한 후, 자신이 갖고 있는 지위는 어떤 지위에 해당하는지 구분해 보도록 한다.	관련성 제고	
사례지도 (연습)	• 스타로고 프로그램으로 개미의 군집생활을 모의실험해 보고 인간사회의 지위와 역할의 의미를 관련지어 생각해 보기		

* 교수설계이론 가운데 동기유발 교수설계 이론(J. M. Keller, 1983; J. M. Keller & T. W. Kopp, 1987)을 적용한 교수학습 절차임.

사례지도 (연습)	☞ 여왕개미와 일개미, 병정개미 등 개체별 지위와 역할이 엄격하게 별되어 있는 개미군집의 정교한 사회구조 블록 저작 실행, 관찰 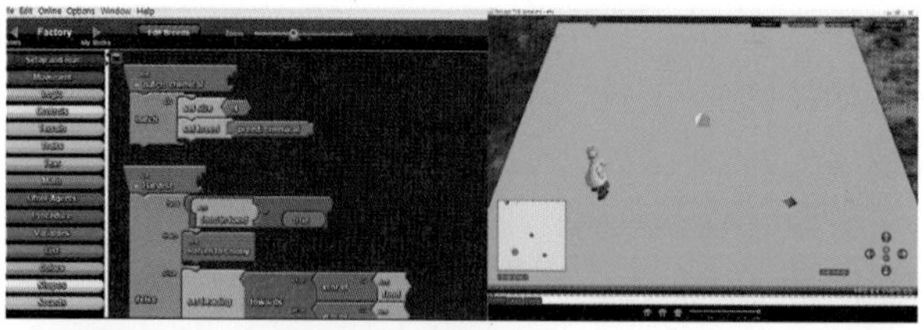 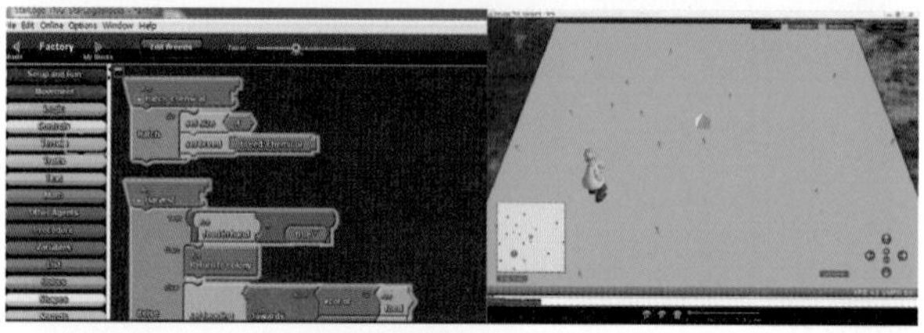 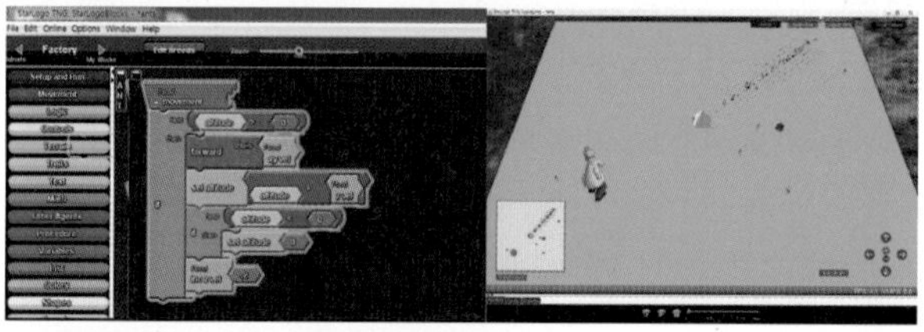 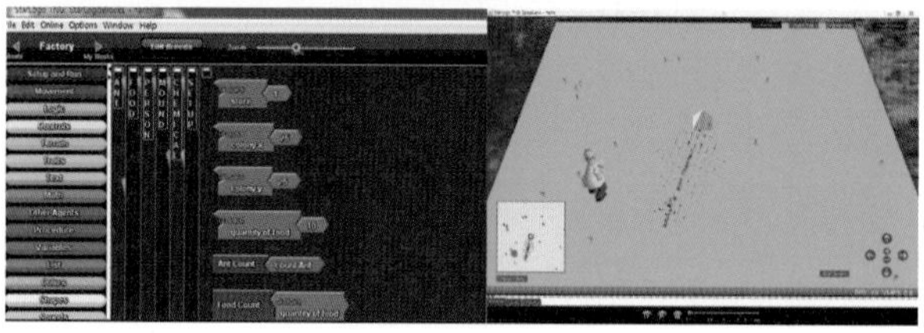 - 이 활동을 통해 알게 된 점 발표하기 - 개미사회는 사회성과 역할조직 등이 인간사회만큼 정교하다.	주의집중 유도, 관련성 제고, 자신감 형성 (성공기대감 조성) 자신감 형성, 만족감 제공 (내재적 강화)	• 교과서 58쪽<활동3>
평가	• 지위와 역할의 개념을 이해했는지 질문을 통해 확인하기 - 개인이 한 사회에서 차지하고 있는 위치와 그 위치에서 사회적으로 요구되는 행동 양식을 무엇이라고 하는가?(지위, 역할)	자신감 형성 (도전감 고취)	△ 지위와 역할의 개념에 대한 사항들을 요약 정리하여 전자우편으로 제출

학제적 성격을 가진 사회과 수업에서 생각해 볼 수 있는 또 다른 스타로고 교육공학 방안의 예는 예체능 교과는 물론 국어, 수학, 과학 등 모든 교과와 통합수업이 가능하다는 점이다. 이때 쉽게 타 교과의 수업 자료로 이용하는 방법으로 스타로고를 활용할 수 있다. 예를 들어, 현대미술 박물관의 미술작품을 감상하는 프로그램을 모둠별로 저작하거나 월드컵 대회 홍보를 위해 월드컵의 경제적 효과를 산출하는 계산식을 만들어 조사학습에 활용하는 등 교과 간 통합수업을 효과적으로 설계, 적용할 수 있다.

1-4. 과학교과

과학교육의 목표는 생활 주변에서 일어나는 여러 가지 현상에 호기심과 관심을 보이고 탐구하고 실험하는 마음을 키우는 데 있다고 할 수 있다. 과학자들은 다양한 관찰과 측정 등을 통해 관심 있는 분야에 대한 자료를 수집한 후, 분석하여 이들이 암시하고 있는 특성이나 경향성을 찾아본다. 실제 과학자들이 과학 개념이나 원리 등을 발견하게 되는 것도 이와 같이 자료에 대한 탐색활동을 통해서다. 이와 같은 맥락에서 현행 2009 개정 교육과정 과학교과서의 흐름은 창의적인 꼬마 과학자를 만든다는 교과서 편찬 방향에 맞추어 이른바 'FLOW' 모형이 적용된다. 즉, 과학교과서의 한 단원은 F(Fun Science)단계의 '재미있는 과학', L(Lap. Experience)단계의 '과학 실험방', O(Organizing Knowledge) 단계인 '과학생각모음', W(Willing to be a Scientist) 단계인 '나도 과학자'로 구성되었다. 'FLOW' 모형에 입각한 과학교육의 관점에서 볼 때, 스타로고는 게임이나 애니메이션 등 움직임과 상태 변화를 표현한 프로그램을 용이하게 구현할 수 있으므로 학생들의 흥미를 지속시키며 학습목표를 효과적으로 달성하는데 매우 유용한 도구이다.

과학 지식은 기본적으로 개념과 원리 이해가 중요하다. 그러나 기존 교실 수업에서 과학 교육은 필요한 관찰 및 실험을 충분히 제공할 수 없어 학생들은 때때로 내용을 이해하고 적용하는 데 어려움을 겪는다. 예를 들어, 한 물리교사가 마찰이 없는 상황에서 일어날 수 있는 현상을 학생들에게 이해시키고자 한다. 그러나 이러한 현상은 현실에서는 실험이 불가능하기 때문에 교사와 학생 서로 간에 설명하고 이해하는 데 어려움을 겪는다. 여기서 스타로고를 활용할 수 있다. 즉, 학생들은 물리학의 법칙이 적용된 상황에서 자유롭게 실험관찰을 하고 그 법칙을 이해하게 된다. 이처럼 스타로고는 다양한 교과 수업에서 개념과 원리 등을 이해하는 데 도움을 준다. 실례로 지구 밖 행성, 숲 속의 먹이사슬, 물 분자가 생성되는 산소와 수소원자의 결합 등 다양한 상황과 조건들이 컴퓨터 속에서 실현 가능해지고, 학습자는 자유롭게 실험관찰을 하면서 과학의 개념과 원리를 습득할 수 있다.

우선 스타로고의 게임으로 중력을 설명한 사례로 MIT에서 개발한 Gravity Game*을 들 수 있다. 당신이 한 마리의 개미라고 가정해 보자. 당신은 집으로 돌아가기 위해 지정된 발사대에 필요한 무게만큼의 친구들을 데리고 가야 한다. 여러 행성을 거치면서 당신은 각 행성별로 달라지는 개미 1마리당 무게를 확인할 수 있다. 이처럼 학습자는 게임 속 주인공이 되어 게임 목표를 달성하는 과정에서 중력을 이해하게 된다.

모의실험은 비용, 시간, 위험성 등을 줄이면서 실제와 유사한 환경에서 실험을 할 수 있기 때문에 예전부터 과학과 교육에서 개념과 원리를 보여 주는 수단으로 사용되어 왔다. 스타로고를 이용한 과학과 모의실험에는 다양한 사례가 있다. 예컨대, 먹이사슬, 월상의 변화, 원자의 결합과 분자의 생성, 마찰계수와 운동에너지뿐만 아니라, 전염병 확산과 같은 자연현상 등이다. 특히 중학 과학의 각 영역에 대해 MIT에서 구체적 모의실험 사례들**을 개발한 바 있는데, 우선 현실적으로 불가능한 물리학의 가설도 스타로고에서는 실험 가능하다. 예를 들어, 역학적 에너지 보존의 법칙을 다루는 Motion은 마찰이 없는 가상세계에서 일정한 속도로 언덕을 내리고 오르는 자동차를 모의실험 할 수 있다. 즉, 학습자는 에너지와 속도의 변화를 측정하는 그래프와 자동차의 움직임을 관찰하면서 위치에너지가 운동에너지로 완전하게 전환되는 원리를 깨닫게 된다.

생물영역의 Energy Flow in a Food Web은 먹이사슬이 존재하는 숲 속 생태계를 재현한다. 학습자는 애니메이션 효과로 표현되는 가상세계를 통해 블루베리, 토끼, 사자 개체군으로 이어지는 먹이사슬과 에너지 흐름을 눈으로 관찰하게 된다. 그리고 슬라이더를 사용해 실험조건을 변경하면서 화면 속 변화를 관찰해 볼 수 있으며, 그래프 등은 생태계의 변화를 수치로 확인할 수 있도록 한다.

지구과학 영역의 Phase of the Moon은 지구에서 관찰되는 월상의 변화가 왜 발생하는지를 확인하는 모의실험이다. 학습자는 시점을 다양하게 전환하면서 변화의 원리를 이해하게 되는데, Agent Eye, Agent View 등의 시점에서는 주인공인 심슨이 되어 지구에서 달을 관찰할 수 있고,

* Gravity Game의 사례
(http://web.mit.edu/mitstep/starlogo-tng/learn/middle-school-science-activites.html)

** Energy Flow in a Food Web, Phase of the Moon, Motion의 사례
(http://web.mit.edu/mitstep/starlogo-tng/learn/middle-school-science-activites.html)

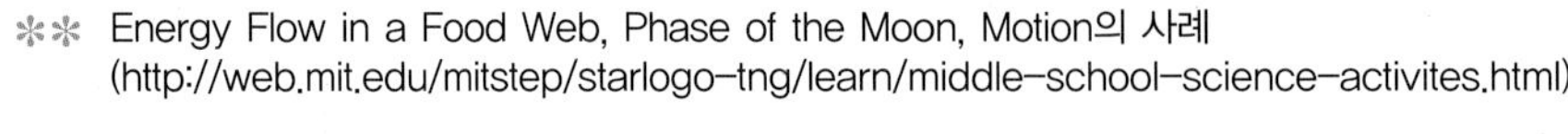

Aerial View에서는 먼 우주에서 지구 주위를 회전하는 달의 관계를 관찰할 수 있다.

중학교 수업시간에 교과서나 영상 등을 통해 보았던 원자와 분자를 생각해 보자. 화학 영역의 Chemistry Unit: Elements, Compounds, and Mixtures[*]는 눈에 보이지 않는 원자와 분자의 세계를 그려 낸다. 그 속에서 학습자는 Runtime box의 수행버튼들을 사용해 여러 원자와 촉매를 투입해 보면서 분자의 생성을 이해할 수 있게 된다.

산불, 태풍, 흰개미의 집단활동, 전염병 등과 같은 자연현상도 모의실험을 통해 탐구할 수 있다. 실례로 전염병의 확산과 예방을 실험관찰할 수 있는 대표적인 프로그램으로 MIT에서 개발한 Epidemic Unit[**]가 있다. 이 모의실험 프로그램은 스타로고의 Collision 블록을 활용해 개체 간 접촉에 의한 전염병 확산을 보여 준다. 즉, Runtime box의 infect 버튼을 누르면 무작위로 감염이 시작되어 개체 색상의 변화로 감염여부를 알 수 있으며, 이로써 학습자는 전염병이 확산되는 양상을 예측해 볼 수 있다. 실제 과학수업에서 '전염병 확산의 위험성 인식'을 주제로 Epidemic Unit 프로그램을 활용한 교수학습 절차를 예시하면 다음과 같다.

Epidemic Unit 프로그램 활용 과학교과 스타로고 교육공학 방안[***]

정교화 단계	차시	조직 내용	차시 설계전략	교수학습 내용	자료(•) 및 유의점(△)
2	2. 2. 1	전염병 확산의 위험	맥락 종합자	• 동기유발 – 전염병에 관해 이전에 주위에서 들었던 이야기를 해 본다. – 텔레비전 뉴스에서 봄/사스, 감기, 홍역, 수두 등 – 독감이나 눈병뿐만 아니라 조류독감, 요즘은 에이즈, 에볼라도 전염병이라고 하는데 본인이 질병에 걸려 고생한 경험을 이야기해 보세요. ☞ 발표 중간에 관련뉴스 동영상 시청	에볼라 바이러스 확산 뉴스 영상 http://youtu.be/adkKGPO8NJ8

[*] Chemistry Unit: Elements, Compounds, and Mixtures의 사례 (http://web.mit.edu/mitstep/content/chemistry-unit.html)

[**] Epidemic Model 사례(http://web.mit.edu/mitstep/starlogo-tng/learn/epidemics-unit.html)

[***] 교수설계이론 가운데 정교화 설계이론(Reigeluth & Stein, 1983; Reigeluth, 1987) 중 차시 설계 전략들을 반영한 교수학습 절차임.

2.2.1	전염병 확산의 위험성		- 감기, 눈병에 걸려 고생한 경험을 발표한다. • 학습문제 파악: 전염병 확산의 위험성 알아보기	
		비유	• 전염병의 정의와 감염경로에 대하여 알아보기 - 어떤 병을 전염병이라고 생각하나요? - 옆 친구에게 번지는 병/많이 아픈 병/치료하기 어려운 병 등	• PPT 요약자료 △ 핵심어는 적색으로 표시
		촉진내용(개념)	☞ 전염병: 병원체, 사람(동물), 환경 ⇒ 서로 상호작용으로 발생되는 병 - 전염병의 감염경로를 설명한다.	
		조직내용(이론)	감염경로: 병원체 → 병원소 → 탈출 → 전파(접촉, 공기 등) → 감염	
		인지 전략자(지시적)	• 스타로고 Epidemic Unit 프로그램으로 전염병 확산 모의실험하기	△ 초기설정된 값으로 실행하고 그 결과를 관찰하도록 지도
		학습자 제어(내용)	• 프로그램 실행 후 어떤 변화를 관찰하기 - 감염자 수가 점점 많아졌다./감염속도가 점점 빨라졌다. - 왜 감염자 수나 감염속도에 변화가 생겼을까요? - 감염자 수가 늘어나면서 접촉 횟수가 많아졌음/면역이나 치료약 블록이 아직 실행되지 않았음 등	
		인지 전략자(지시적)	• 회복시간(recovery time)을 다르게 하여 전염병 확산 모의실험하기 • 회복시간 조절막대를 이용하여 회복시간을 변경한 후 결과를 관찰한다.	△ recovery time 사용방법 지도
		학습자 제어(전략)	- 회복시간 변경 후 어떤 변화를 관찰할 수 있었나요? - 회복시간 설정에 따라 감염자 수가 감소하거나 증가했다.	
		본시 요약자	• 전염병의 위험성 인식하고 내면화하기 - 지금까지의 활동을 통해 생각해 볼 때 전염병은 왜 위험할까요? - 학교처럼 공동생활을 하는 장소에서는 자신도 모르게 감염될 수 있기 때문에/면역기간이나 치료기간을 아무도 장담할 수 없기 때문에/현재 치료가 어려운 병도 있기 때문에 등	
		종합자	• 전염병을 예방하는 방법을 알아보기 - 전염병을 예방하려면 어떻게 생활해야 할까요? - 손을 비누로 잘 씻는다./규칙적으로 생활하여 몸의 저항력을 기기른다./전염병이 퍼질 때는 사람이 많이 모인 곳에 가지 않는다.	

이상에서와 같이 스타로고는 게임이나 모의실험 등을 통해 학생들의 흥미를 지속시키는 가운데 과학의 복잡하고 어려운 개념이나 원리를 쉽게 이해하는 데 유용한 도구가 된다. 특히 프로그램을 스스로 저작하여 컴퓨터 화면 위에 구현해 보는 가운데 과학교과 내용에 대한 심층이해를 효과적으로 할 수 있게 한다.

2절 | 스타로고와 프로그래밍 교육

소프트웨어 산업인력, 논리적 사고력, 창의력, 학습태도

최근 산업 경쟁력의 핵심이 점차 하드웨어에서 소프트웨어로 전환되면서 프로그래밍 교육의 역할이 중요해지고 있다(김형준, 2012). 그럼에도 우리나라 소프트웨어 산업과 이를 뒷받침하는 전문인력 양성과정의 문제가 심각하다. 예를 들어, 2014년 3분기라는 특정 시기에 우리나라 삼성사는 미국의 애플사보다 스마트 폰을 두 배 정도 더 많이 판매했으면서도 영업이익은 약 5분의 1에 불과한 것으로 알려지고 있다. 이는 바로 우리나라 소프트웨어 산업의 경쟁력 수준을 여실히 보여 주는 현상이다.

소프트웨어 산업의 중요성이 부각되면서 개발인력의 수요는 급증하고 있지만 공급은 수요를 따라가지 못해 IT업계는 개발자 인력난을 호소하고 있다. 이 업계의 인력난을 해소하고, 중장기적으로 우리나라 소프트웨어 산업의 발전을 도모하기 위해서는 체계적인 개발인력의 양성이 시급하다. 이를 위해서는 인지 발달이 활발하게 이루어지는 초중등 학생들에 대한 프로그래밍 교육이 그 출발점이 된다. 이러한 맥락에서 정부는 2015년 중학교 신입생부터 소프트웨어 관련 교과를 필수로 이수하도록 하고 있다. 그리고 단계적으로 초중학교 다른 학년들도 소프트웨어 교과를 교육하도록 확대하고, 고등학교 문

이과가 통합되는 2018년부터는 고등학교에서도 선택과목으로 교육하도록 할 예정이다.

그렇지 않아도 입시교육으로 부담이 큰 상황에서 낯설고 어려운 프로그래밍 언어를 교육하는 경우에는 학습자의 인지부하를 가중시켜 교육효과가 현저히 떨어질 수 있다(McIver & Conway, 1996; Jenkins, 2002). 이에 대한 해결책으로는 스타로고와 같은 교육용 제작 도구가 매우 유용한 방안이 될 수 있다. 우선 스타로고는 레고장난감 같은 블록형 프로그래밍 방식과 아울러 그래픽 객체를 삼차원으로 제공함으로써 시각적이고 흥미로우며 실제적인 활동을 유도한다(Klopfer & Colella, 2000). 즉, 다양한 멀티미디어와 삼차원 가상세계를 통한 시뮬레이션 구현 능력 등은 학습자가 친근감을 갖고 쉽게 몰입하도록 하는 요인이 된다. 또한 LISP기반의 구조적, 절차적 프로그래밍과 객체지향 프로그래밍 기법을 포함하여 알고리즘 완성과정으로서의 구조화된 프로그래밍을 배우고자 원하는 학생들에게 적합한 도구가 된다.

스타로고와 같은 교육용 저작 도구를 통한 프로그래밍 교육을 하는 이유는 무엇보다도 학습자의 논리적 사고력을 증진하기 때문이다. 이는 최근 CT교육(computational thinking 교육)이라는 개념으로 강조되고 있다. 물론 프로그래밍 교육 자체는 학습자가 컴퓨터와 소프트웨어의 논리를 이해하는 데 있지만 그 과정에서 학습자 스스로 논리적 사고를 바탕으로 프로그램 만들기라는 문제해결을 하기 때문에 중요하다. 구체적으로 프로그래밍 교육은 수학 · 기하학적 개념과 원리, 문제해결 · 발견 · 관리, 추론 및 표상 능력, 지식 · 사고 · 학습에 대한 틀 형성, 인지유형, 열정과 인내 등 여섯 가지 범주의 발달에 영향을 줄 수 있다(Salomon & Perkins, 1987). 특히 프로그래밍 교육 과정에서 구상, 설계, 시행, 수정이라는 체계적 문제해결 접근을 하는 가운데 논리적 사고와 문제해결 능력을 함양하게 된다. 예를 들어, 수학교과에서 두리틀을 활용한 교육이 학습자의 문제해결력과 알고리즘 사고능력을 촉진한다고 입증한 연구(기수덕, 2009)와 초등학생에게 로봇과 스크래치 프로그래밍 교육을 했을 때 학습자의 논리적 사고력과 문제해결력이 향상되었다는 것을 보고한 연구(신갑천, 2010) 등은 바로 이러한 관점을 뒷받침한다. 이 밖에 프로그래밍 학습에 선행조직자를 적용했을 때 초등학생의 논리적 사고력 발달이 촉진된다는 연구(정준호, 2010)나 PBL을 적용한 두리틀 프로그래밍 교육이 논리적 사고력과 문제해결력 발달에 도움이 된다는 연구(박혜정, 2011) 등도 같은 맥락이다.

교육용 저작 도구를 활용한 프로그래밍 교육을 강조하는 또 다른 이유는 창의력 발달과 관계가 있다. 최근 언론보도들에 의하면, 다양한 스마트 기기들에 의존하게 된 학생들이 점차 사고력이나 집중력이 감퇴하고 있다는 보도가 이어지고 있다. 이것이 사실이라면 특히 스마트 전화기 등을 통해 수많은 파편화된 정보가 빠르게 오고가는 인터넷 환경에서 학생들이 차분하게 집중하거나

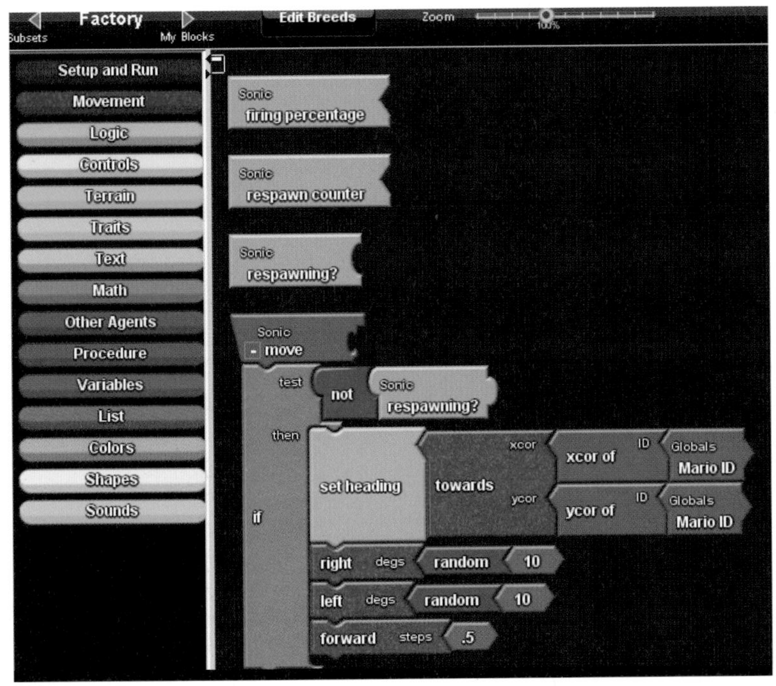

자신의 생각을 정리할 수 있는 시간을 빼앗아 가기 때문인 것으로 보인다. 스타로고와 같은 저작 도구를 통해 프로그래밍 교육을 하는 과정에서 쉽고 다양한 명령어와 멀티미디어 그리고 가상 시뮬레이션 등의 활용은 학습자로 하여금 자신만의 세상을 창조하도록 강력한 동기유발을 하며 이는 결국 창의력 촉진으로 이어질 수 있다. 실례로 초등학생을 대상으로 실시된 두리틀, 스크래치, 로고 등 교육용 저작 언어의 교육효과(김성훈 2010; 김종진, 2011; 이민희, 2009)를 살펴보면, 학생들의 창의력이 확연히 촉진되는 것을 알 수 있다.

교육용 저작 도구를 통한 프로그래밍 교육은 한편으로 프로그래밍 과정 자체를 즐기도록 함으로써 긍정적인 학습태도를 함양할 수도 있다. 일반적으로 교육용 저작 도구는 손쉽고 다양한 저작 가능성과 만화영화와 같은 그래픽 등으로 인해 학습자의 학습태도를 촉진하는 데 유용하다. 예를 들어, 초등학생들을 대상으로 한 연구에서 저작 도구의 강압적이지 않은 동기유발 요소들이 학생들의 몰입 수준을 향상시킨다(안경미, 2010)고 연구된 바 있다. 또한 게임중독 학생들이 게임 저작을 통해서 학습의 즐거움을 알게 됨으로써 결국 게임중독을 극복할 수 있도록 도움을 준다는 연구결과(백성현, 2009)가 보고된 바도 있다.

이와 같이 스타로고는 교육과 오락을 동시에 제공하는 이른바 에듀테인먼트(edutainment)를 지향하고 있으며, 이는 프로그래밍 교육 활성화를 위해 유용한 디딤돌로 기능할 수 있다. 스타로고는 어느 저작 도구보다도 프로그래밍 교육을 위한 매력적인 도구이다.

혼자 해 보기 답안

혼자해 보기 한 걸음

1)

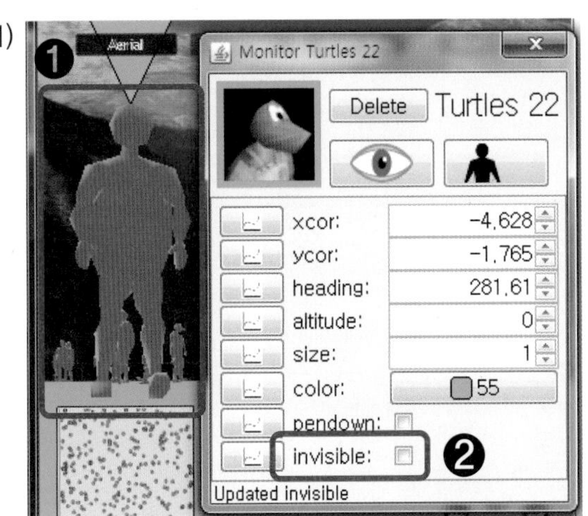

① 스페이스랜드에 돌아다니고 있는 개체를 마우스 왼쪽 버튼으로 클릭한다.

② 마우스 왼쪽 버튼 클릭 후 팝업되는 개체의 속성을 보여 주는 Monitor 창에서 invisible 부분에 체크하면 해당 개체가 투명하게 된다.

2) Runtime 캔버스

1) Aerial은 스페이스랜드를 전체적으로 조망할 수 있는 시점으로, 기본 시점(default)으로 설정되어 있다. 반면에 Agent Eyes는 특정 개체의 눈으로 스페이스랜드를 바라보는 시점이라는 점에서 차이가 있다.

2) Agent View

3장 | 스타로고 저작하며 놀기 저작 연습으로 기본기 익히기

혼자 해 보기 한 걸음

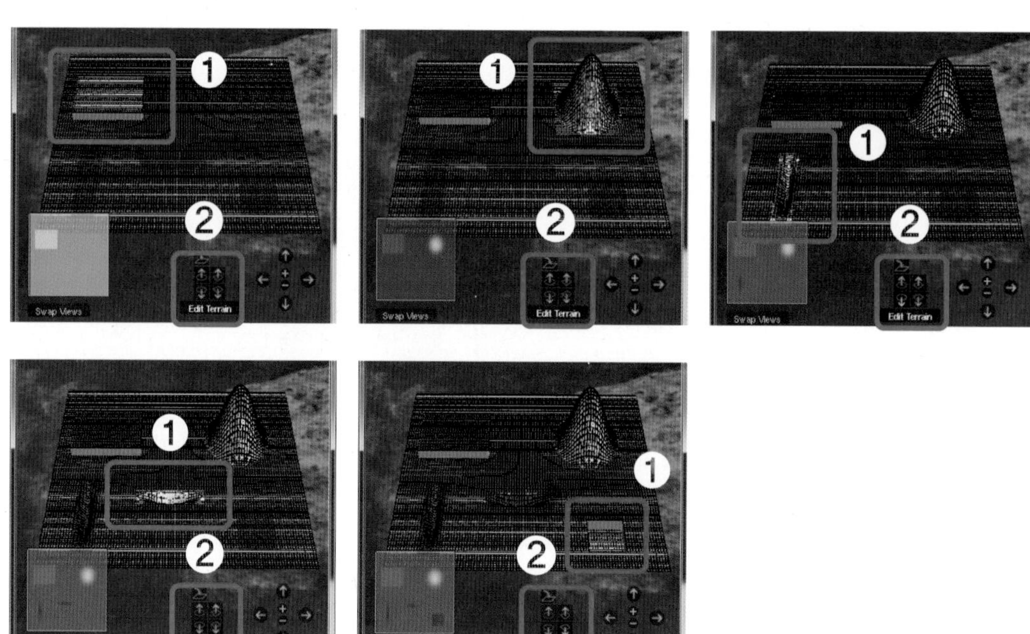

혼자 해 보기 두 걸음

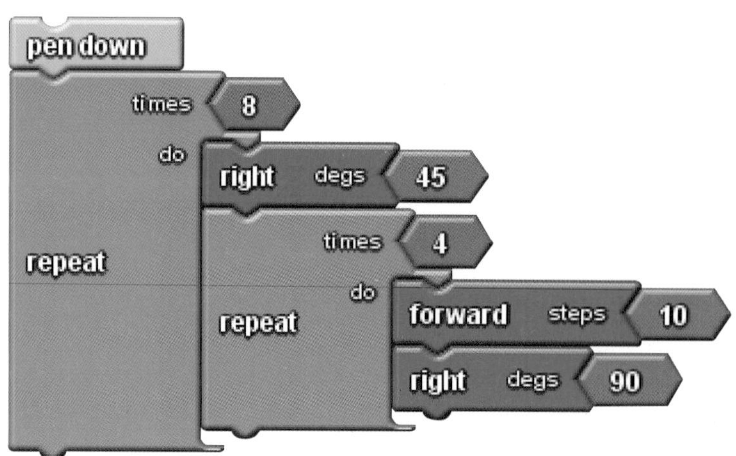

4장 | 토끼야 이리와 스타로고 저작 초급

혼자해 보기 한 걸음

그림 (가)의 초기설정을 통해 나타나는 토끼 개체군들은 set color 블록을 통해 지정한 하얀색의 색상을 지니고 있다. 반면에 그림 (나)의 초기설정을 통해 나타나는 토끼 개체군들은 set color 블록을 통해 지정한 색깔에 관련 없이 스타로고가 지정하는 고유의 색깔을 그대로 가지고 나타난다.

혼자해 보기 두 걸음

- 거북이가 페인트 탄에 맞아도 페인트 탄이 사라지지 않는다.
- 거북이가 페인트 탄에 맞아도 거북이의 색깔이 변하지 않는다.
- 거북이가 페인트 탄에 맞아도 아무런 소리를 내지 않는다.

5장 | 독감이 무서워 스타로고 저작 중급

혼자해 보기 한 걸음

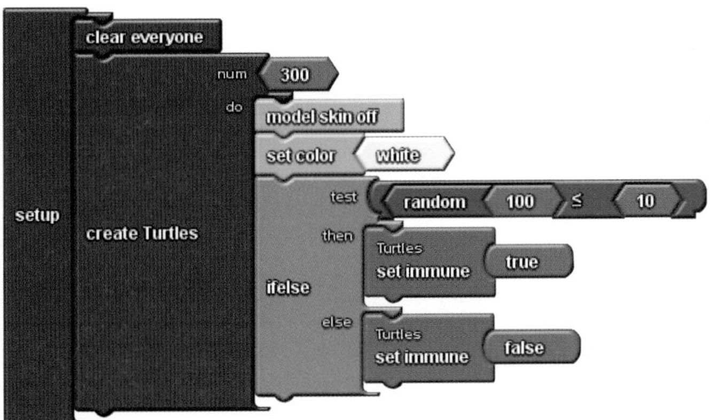

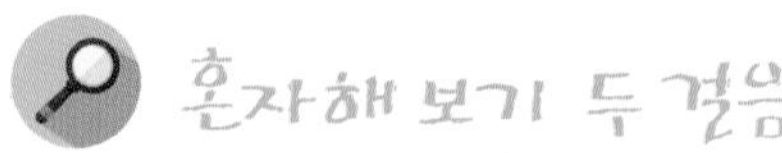

(1~100)까지의 숫자를 택해서 (10)보다 작으면 (immune) 변수에 대해 (true) 값을 부여하고, 아니면 (false) 값을 부여하라는 뜻이다. 이렇게 하면 (setup) 버튼을 누를 때마다 (10)%의 확률로 (immune) 값을 참으로 부여받은 시민이 생성된다.

6장 | 바다 생태계 이야기 스타로고 저작 고급

1) Setup 캔버스

2) 고도설정

3) 모든 개체를 무작위로 흩어놓음

4) setup버튼을 누르면, Plankton 개체군 (1000)마리가 스페이스랜드에 생성된다. (고도)은/는 80 이내에서 랜덤으로 설정되고, 개체 크기는 (.4), 색상은 (녹색)(으)로 설정된다. scatter everyone 블록에 의해 개체들은 화면상에 (흩어지게) 된다.

혼자해 보기 두 걸음

1) Fish 캔버스

2) Variables 도구상자의 agent number와 agent text 블록

3) agent number는 개체의 수치변수에 관여하고, agent text는 개체의 명명변수에 관여한다. 각 변수는 개체별로 상이하다.

기수덕(2009), 초등 두리틀 EPL문제 개발 및 적용을 통한 프로그래밍 교육 효과성 검증, 경인교육대학교 대학원 석사학위논문.

김성완(2012), **이러닝 2.0과 교육**, 경기: 양서원.

김성훈(2010), 초등학생의 창의성 신장을 위한 스크래치 프로그래밍 교재개발 연구, 제주대학교 대학원 석사학위논문.

김종진(2011), EPL을 이용한 창의성 증진 교육 프로그램 개발 및 적용에 관한 연구: 로고와 스크래치를 중심으로, 홍익대학교 대학원 석사학위논문.

김형준(2012), 국내 소프트웨어산업 경쟁력 강화를 위한 방안 연구, 건국대학교 대학원 석사학위논문.

박혜정(2011), PBL을 적용한 EPL 교수-학습 방법 효과: 두리틀을 중심으로, 경인교육대학교 대학원 석사학위논문.

백성현(2009), 게임 프로그램 교육을 통한 초등학생의 게임중독 개선, 경인교육대학교 대학원 석사학위논문.

신갑천(2010), 스크래치를 활용한 로봇 프로그래밍 학습이 논리적 사고력과 문제해결력에 미치는 효과, 경인교육대학교 대학원 석사학위논문.

안경미(2010), 스크래치 프로그래밍 교육이 초등학생의 학습 몰입과 프로그래밍 능력에 미치는 효과, 경인교육대학교 대학원 석사학위논문.

이명근(1993), **교육훈련공학의 기초**, 서울: 양서원.

이민희(2009), 두리틀을 이용한 프로그래밍 수업이 창의성, 문제해결력, 프로그래밍 흥미도 향상에 미치는 영향, 전주교육대학교 대학원 석사학위논문.

이영주(2010), Scratch 프로그래밍 교육이 논리적 사고력에 미치는 영향, 충북대학교 대학원 석사학위논문.

정준호(2010), 선행조직자를 적용한 프로그래밍 학습이 초등학생의 논리적 사고력에 미치는 영향, 한국교원대학교 대학원 석사학위논문.

조한혁(1991), 교육용 컴퓨터 언어의 설계에 대한 연구, **서울대학교 사대논총**, 43, 91-106.

Aronson, D. T., & Briggs, L. J. (1983). Contributions of Gagn? and Briggs to presciptive model of instruction. In C. M. Reigeluth (Ed.), *Instructional-design theories and models: An overview of their current status*. Hillsdale, NJ: Lawrence Erlbaum.

Bunderson, C. V., & Faust, G. W. (1976). *Programmed and computer-assisted instruction*. In N. L. Gage (Ed.), *The psychology of teaching methods* (Part I: 75th yearbook of the national society for the study of education). Chicago, IL: University of Chicago Press.

Colella, V. S., Klopfer, E., & Resnick, M. (2001). *Adventures in modeling I: Exploring complex, dynamic systems with starlogo*. New York: Columbia University.

Harper, D. (1989). *LOGO: Theory & practice*. Pacific Grove, CA: Brooks/Cole.

Jacobson, M. (2001). Problem solving, cognition, and complex systems: Differences between experts and novices. *Complexity, 6*(3), 41-49.

Jenkins, T. (2002). On the difficulty of learning to program. *3rd Annual Conference of LTSN-ICS*, 53-58.

Jonassen, D. H. (2006). *Modeling with technology: Mindtools for conceptual change*. Columbus, OH: Merrill/Prentice Hall.

Keller, J. M. (1983). Motivational design of instruction. In C. M. Reigeluth (Ed.), *Instructional-design theories and models: An overview of their current status*. Hillsdale, NJ: Lawrence Erlbaum.

Keller, J. M., & Kopp, T. W. (1987). An application of the ARCS model of motivational design. In C. M. Reigeluth (Ed.), *Instructional theories in action: Lessons illustrating selected theories and models*. Hillsdale, NJ: Lawrence Erlbaum.

Klopfer, Eric, & Colella, V. (2000). *Modeling for understanding*. Proceedings of SITE 2000 (11th, San Diego, California, February 8-12, 2000), Society for Information Technology & Teacher Education International Conference. (ERIC Document Reproduction Service No. ED 444 559).

Klopfer, E. et al. (2009). The simulation cycle: Combining games, simulations, engineering and science using starlogo TNG. *E-Learning*, 6(1), 71-96.

McIver, L., & Conway, D. (1996). Seven deadly sins of introductory programming language design. Software Engineering: Education & Practice 1993 (SE: E&P' 96), 309-316.

Merrill, M. D. (1983). Component display theory. In C. M. Reigeluth (Ed.), *Instructional-design theories and models: An overview of their current status.* Hillsdale, NJ: Lawrence Erlbaum.

Merrill, M. D. (1987). A lesson based on the component display theory. In C. M. Reigeluth (Ed.), *Instructional theories in action: Lessons illustrating selected theories and models.* Hillsdale, NJ: Lawrence Erlbaum.

Merrill, P. F., et al. (1992). *Computers in education.* Needham Heights, MA: Allyn and Bacon.

Muilenburg, L. Y., & Berge, Z. L. (2001). Barriers to distance education: A factor-analytic study. *The American Journal of Distance Education*, 15(2), 7-22.

O' Shea, T., & Self, J. (1983). *Learning and teaching with computers.* Englewood Cliffs, NJ: Prentice-Hall.

Pagliaro, L. A. (1983). The history and development of CAI: 1926-1981. *Alberta Educational Research*, 29, 75-84.

Papert, S. (1980). *Mindstorms: Children, computers and powerful ideas.* New York: Basic Books.

Petry, B., Mouton, H., & Reigeluth, C. M. (1987). A lesson based on the Gagn?-Briggs theory of instruction. In C. M. Reigeluth (Ed.), *Instructional theories in actions: Lessons illustrating selected theories and models.* Hillsdale, NJ: Lawrence.

Rahmlow, H. F., et al. (1980). *The instructional design library: PLATO.* Englewood Cliffs, NJ: Educational Technology.

Reigeluth, C. M., & Stein, F. S. (1983). The elaboration theory. In C. M. Reigeluth (Ed.), *Instructional-design theories and models: An overview of their current status.* Hillsdale, NJ: Lawrence Erlbaum.

Reigeluth (1987). Lesson blueprints based on the elaboration theory of intruction. In C. M. Reigeluth (Ed.), *Instructional theories in action: Lessons illustrating selected theories and models.* Hillsdale, NJ: Lawrence Erlbaum.

Resnick, M. (1994). *Turtles, termites, and traffic jams: Explorations in massively parallel microworlds.* Cambridge, MA: MIT Press.

Saettler, P. (2004). *The evolution of American educational technology* (2nd ed.). Englewood, CO: Libraries Unlimited.

Salomon, G., & Perkins, D. N. (1987). Transfer of cognitive skills from programming: When and how? *Journal of Educational Computing Research, 3*, 149-169.

Taylor, R. P. (Ed.). (1980). *The computer in school: Tutor, tool, tutee.* New York: Teachers College Press.

부록

주요 블록 기능 설명

1. Setup and Run **도구상자** 프로그램을 실행하거나 진행 상황을 관찰하기 위한 블록들

블록	기능
setup	프로그램의 시작상황을 설정하는 블록으로 이 블록을 캔버스에 놓으면 setup 버튼이 스페이스랜드 하단에 생성됩니다.
forever Turtles	프로그램을 실행시켜 주는 블록으로 특정 명령을 계속 수행하게 합니다.
run seconds Turtles	프로그램을 실행시켜 주는 블록으로 일정 시간 동안 특정 명령을 수행하게 합니다.
run once Turtles	프로그램을 실행시켜 주는 블록으로 이 블록은 한 번만 특정 명령을 수행하게 합니다. 이 블록의 이름을 바꿀 수도 있습니다.
clear all	프로그램에 있는 모든 개체와 변화된 지형을 삭제합니다.
clear everyone	프로그램에 있는 모든 개체를 삭제합니다.
clear patches	프로그램에 있는 모든 변화된 지형을 삭제합니다.
scatter everyone	프로그램에 있는 모든 개체를 임의의 위치에 흩어지게 합니다.
show score	스코어를 보여 줍니다. 스코어는 스페이스랜드 우측 하단에서 확인할 수 있습니다.
hide score	스페이스랜드에서 스코어를 감춥니다.
set score	현재 스코어를 변경합니다.

블록	기능
inc score	원하는 숫자만큼 스코어를 증가시킵니다.
dec score	원하는 숫자만큼 스코어를 감소시킵니다.
score	현재 스코어를 불러옵니다.
show clock	현재 시간을 보여 줍니다.
hide clock	현재 시간을 감춥니다.
reset clock	시간을 초기화시킵니다.
clock	현재 시간을 불러옵니다.
set clock	현재 시간을 설정합니다.
count everyone	프로그램에 있는 모든 개체 수를 파악합니다.
count everyone with	프로그램에 있는 개체 가운데 특정 조건을 만족하는 개체 수를 파악합니다.
monitor	프로그램 내 특정값을 숫자로 보여 줍니다. 이 블록을 캔버스에 놓으면 스페이스랜드 하단에 monitor 버튼이 생성됩니다.
line graph data	프로그램 내 특정값을 선 그래프로 표현합니다. 이 블록을 캔버스에 놓으면 스페이스랜드 하단에 선 그래프가 생성됩니다.

블록	기능
bar graph data	프로그램 내 특정값을 막대 그래프로 표현합니다. 이 블록을 캔버스에 놓으면 스페이스랜드 하단에 막대 그래프가 생성됩니다.
table data	프로그램 내 특정값을 표로 표현합니다. 이 블록을 캔버스에 놓으면 스페이스랜드 하단에 표가 생성됩니다.
slider	프로그램 내 특정값을 슬라이더 바로 조절할 수 있게 해 줍니다. 이 블록을 캔버스에 놓으면 스페이스랜드 하단에 슬라이더 바가 생성됩니다.

2. **Movement 도구상자** 개체의 움직임을 설정하기 위한 블록들

블록	기능
forward steps	'steps' 블록의 숫자만큼 개체가 앞으로 이동합니다.
back steps	'steps' 블록의 숫자만큼 개체가 뒤로 이동합니다.
left degs	'degs' 블록의 각도만큼 개체가 왼쪽으로 방향을 전환합니다.
right degs	'degs' 블록의 각도만큼 개체가 오른쪽으로 방향을 전환합니다.
up steps	'steps' 블록의 숫자만큼 개체가 위로 이동합니다.
down steps	'steps' 블록의 숫자만큼 개체가 아래로 이동합니다.
go home	개체가 스페이스랜드의 한가운데로 이동합니다.

3. **Logic 도구상자** 논리적인 연산 및 관계를 실행하기 위한 블록들

블록	기능
if test then	조건문을 이용해 다양한 변화 상황을 설정할 수 있는 블록으로, test의 실행조건이 참이면 then 이하의 명령을 수행합니다.
ifelse test then else	조건문을 이용해 다양한 변화 상황을 설정할 수 있는 블록으로, test의 실행조건이 참이면 then 이하의 명령을 수행하고, 거짓이면 else 이하의 명령을 수행합니다.
repeat times do	특정 행동을 원하는 횟수만큼 반복하게 할 수 있습니다.
die	특정 개체가 스페이스랜드에서 사라지게 됩니다.
and or not	논리적인 연산을 통해 조건문을 만듭니다.
hatch	개체가 자신과 동일한 새로운 개체를 생성합니다.
hatch do	개체가 자신과 동일한 새로운 개체를 생성합니다. 생성된 개체는 'do' 블록의 명령을 실행합니다.
ask agent ID do	특정 ID번호를 가진 개체에게 'do' 명령을 실행하게 합니다.

4. Controls **도구상자** 키보드로 개체를 제어하거나 카메라 시점을 변경하기 위한 블록들

블록	기능
keyboard a?	특정 키보드 문자를 입력하면, 원하는 명령을 실행합니다.
joy x-axis	조이스틱을 이용해, 원하는 명령을 실행합니다.
set agent camera ID	'who' 블록에 ID번호를 지정하면, 해당 ID를 가진 개체의 카메라 시점으로 볼 수 있습니다.
over shoulder	개체의 어깨너머 시점으로 볼 수 있습니다.
agent eye	개체의 시점으로 볼 수 있습니다.
aerial	스페이스랜드 전체를 3차원으로 조망할 수 있습니다
overhead?	스페이스랜드 전체를 2차원으로 조망할 수 있습니다.

5. Traits **도구상자** 개체가 가진 여러 속성을 설정하기 위한 블록들

블록	기능
ID	각 개체에 부여된 고유의 ID 번호를 불러옵니다.
set level	프로그램 내에서 level을 변경합니다.
level	현재 level을 불러옵니다.

블록	기능
set color	개체의 색깔을 설정합니다.
set transparency	개체의 투명도를 설정합니다.
color	현재 개체의 색깔을 불러옵니다.
transparency	현재 개체의 투명도를 불러옵니다.
set shape	개체의 모양을 설정합니다.
shape	현재 개체의 모양을 불러옵니다.
set breed	현재 개체군을 다른 개체군으로 변경합니다.
breed	현재 개체군을 불러옵니다.
set heading	개체의 방향을 설정합니다.
heading	현재 개체의 방향을 불러옵니다.
pen up	pen down 기능을 중지시킵니다.
pen down	개체가 움직이면서 바닥에 선(patch)을 그리도록 합니다.

블록	기능
set size	개체의 크기를 설정합니다.
size	현재 개체의 크기를 불러옵니다.
set altitude	개체의 수직 높이를 설정합니다.
altitude	현재 개체의 수직 높이를 불러옵니다.
set xy xcor ycor	개체의 x축, y축 좌표를 설정합니다.
set x	개체의 x축 좌표를 설정합니다.
xcor	현재 개체의 x축 좌표를 불러옵니다.
set y	개체의 y축 좌표를 설정합니다.
ycor	현재 개체의 y축 좌표를 불러옵니다.
hide agent	개체를 숨겨서 안 보이도록 합니다.
show agent	숨은 개체를 다시 보이도록 합니다.

블록	기능
model skin on	StarLogo가 제공하는 개체 기본 모형의 색깔을 복원합니다.
model skin off	StarLogo가 제공하는 개체 기본 모형의 색깔을 제거합니다. 개체의 색깔을 자유롭게 바꿀 수 있습니다.

6. Text **도구상자** 프로그램 내에 특정 문자를 입력하기 위한 도구상자

블록	기능
say	개체가 특정 문자를 말풍선을 통해 표현합니다.
abc	'abc' 부분을 클릭해 원하는 문자를 입력해 프로그램 내에서 활용할 수 있습니다.

7. Math **도구상자** 사칙연산을 비롯한 수학적 연산을 실행하기 위한 블록들

블록	기능
+ - x ÷	사칙연산을 수행합니다.
= ≠	좌변과 우변이 같은지를 판정하는 등호 기호입니다.

블록	기능
< > ≤ ≥	좌변과 우변 가운데 어느 것이 더 크거나 작은지를 판정하는 부등호 기호입니다.
random	임의의 숫자를 하나 선택하는 블록입니다. 숫자 블록 n을 결합시키면 1부터 n까지 숫자 가운데 하나를 임의로 선택합니다.
min max	두 숫자 가운데 최댓값 혹은 최솟값을 선택합니다.
remainder	좌변을 우변으로 나눈 나머지 값을 구합니다.
power	좌변을 우변만큼 제곱합니다.

8. Other Agents **도구상자** 특정 개체나 그 개체가 가진 속성을 불러오기 위한 블록들

블록	기능
collidee	개체 자신과 충돌한 상대 개체를 불러옵니다.
xcor of ID	특정 ID 번호를 가진 개체의 x축 좌표를 불러옵니다.
ycor of ID	특정 ID 번호를 가진 개체의 y축 좌표를 불러옵니다.

블록	기능
color of ID	특정 ID 번호를 가진 개체의 색깔을 불러옵니다.
altitude of ID	특정 ID 번호를 가진 개체의 수직 높이를 불러옵니다.
heading of ID	특정 ID 번호를 가진 개체의 방향을 불러옵니다.
shape of ID	특정 ID 번호를 가진 개체의 모양을 불러옵니다.
size of ID	특정 ID 번호를 가진 개체의 크기를 불러옵니다.
breed of ID	특정 ID 번호를 가진 개체의 개체군 이름이 무엇인지 불러옵니다.
alive? ID	특정 ID 번호를 가진 개체가 살아 있는지 확인합니다.
kill ID	특정 ID 번호를 가진 개체를 삭제합니다.
smell radius	특정 개체 주변에 다른 개체가 모두 얼마나 있는지 파악합니다. 'radius'로 반경을 조절할 수 있습니다.
smell with radius condition	특정 개체 주변에 있는 다른 개체들 가운데 특정 조건을 만족하는 대상이 얼마나 있는지 파악합니다. 'radius'로 반경을 조절할 수 있습니다.

9. Procedure **도구상자** 여러 블록을 하나의 모듈으로 묶어 주기 위한 블록

블록	기능
Turtles - Procedure	여러 명령어 블록을 하나의 모듈으로 묶어 줍니다. 블록 모듈의 이름은 원하는 대로 지정할 수 있으며, 이 블록 모듈은 'My Blocks 팔레트'에 생성됩니다.

10. Variables **도구상자** 개체에게 변수를 부여하기 위한 블록들

블록	기능
Turtles shared boolean	모든 개체에게 동일한 참/거짓값을 변수로 부여합니다.
Turtles shared number	모든 개체에게 동일한 숫자값을 변수로 부여합니다.
Turtles shared text	모든 개체에게 동일한 텍스트값을 변수로 부여합니다.
Turtles agent boolean	각 개체마다 다른 참/거짓값을 변수로 부여합니다.
Turtles agent number	각 개체마다 다른 숫자값을 변수로 부여합니다.
Turtles agent text	각 개체마다 다른 텍스트값을 변수로 부여합니다.

블록	기능
create Turtles num	해당 개체군을 스페이스랜드에 생성합니다.
create Turtles num do	해당 개체군을 스페이스랜드에 생성하고, 특정 움직임을 실행하게 합니다.
breed: Turtles	해당 개체군을 불러옵니다.
count Turtles	해당 개체군의 개체 수를 파악합니다.
scatter Turtles	해당 개체군을 스페이스랜드 임의의 위치에 흩어지도록 합니다.
clear Turtles	해당 개체군을 스페이스랜드에서 모두 삭제합니다.
Turtles shared boolean	즉, Variables 관련 블록으로 해당 개체군에 부여한 변수가 있다면, 관련 블록이 여기에 생성됩니다.
Turtles Procedure	해당 개체군에 부여한 Procedure가 있다면, 관련 블록이 여기에 생성됩니다.
Everyone Turtles Collision Turtles	두 개체가 서로 부딪혔을 때 일어나게 될 변화를 설정할 수 있습니다. 개체군이 여럿일 경우 충돌하는 개체군이 무엇인지에 따라 Collision 블록도 여러 가지가 생성됩니다.

찾아보기

E

F

G

H

I

J

K

L

M

O

P

저자 소개

이명근(Lee, MyungGeun)

연세대학교 교육학과를 졸업(학사, 석사)하고, 미국 펜실베이니아 주립대학교 교육공학 · 기업교육 전공으로 박사학위(Ph.D.)를 취득하였다. 현재 연세대학교 교육학부 교수로 재직하고 있으며, 그동안 교육학과장, 교육대학원 교육공학 전공주임교수, 교육연구소장 등을 역임하였다. 대외적으로는 한국 교육공학회 이사, 한국 기업교육학회 회장 · 이사, 공군 교육정책 자문위원, 외교부 교육정책 자문위원, LG사이언스랜드 자문위원장 등을 역임했거나 활동 중이다. 주 연구 관심사는 인간 교육공학의 본질로서의 교수학습공학 이론과 이를 토대로 한 능력기반 교수학습 환경 구축, 컴퓨터 교육공학 방안 등이다.

컴퓨터 교육공학
스타로고
Educational Computing w/ StarLogoTNG

2016년 5월 25일 1판 1쇄 인쇄
2016년 5월 30일 1판 1쇄 발행

지은이 • 이명근
펴낸이 • 김진환
펴낸곳 • (주) 학지사
04031 서울특별시 마포구 양화로 15길 20 마인드월드빌딩
대표전화 • 02)330-5114 팩스 • 02)324-2345
등록번호 • 제313-2006-000265호

홈페이지 • http://www.hakjisa.co.kr
페이스북 • https://www.facebook.com/hakjisa

ISBN 978-89-997-0860-2 93370
정가 16,000원

이 도서의 국립중앙도서관 출판시도서목록(CIP)은 서지정보유통지원시스템 홈페이지(http://seoji.nl.go.kr)와 국가자료공동목록시스템(http://www.nl.go.kr/kolisnet)에서 이용하실 수 있습니다.
(CIP 제어번호: CIP2016011643)